국어가 잡히는 초등 어휘 ❶

날마다 속담

원유순 글 | 뜬금 그림

머핀툽

작가의 말

나는 어렸을 때 공기를 잘했어요. 별명이 공기의 여왕이었지요. 한번은 내가 너무 잘난 척을 하다가 친구와의 공기 내기에서 지고 말았어요. 그때 그 친구가 의기양양하게 그러더라고요.

"히힛, 원숭이도 나무에서 떨어질 때가 있는 법이지. 쥐구멍에도 볕 들 날이 있고."

속담을 인용해서 멋지게 한 방을 날리던 친구가 얼마나 유식해 보이던지요. 그 이후로 공기를 못하는 그 친구를 절대 얕잡아 보지 못했지요. 이처럼 언제 어디서든 상황에 알맞게 속담을 척척 사용한다면 친구들이 무시하지 못할 거예요.

속담은 서너 개의 단어로 구성된 짧은 말로, 재치 있는 은유와 비유가 담겨 있지요. 은유와 비유는 다분히 해학적(익살스럽고 우스꽝스러운)이고 풍자적(다른 것에 빗대어 비웃으면서 비판하는)이에요. 그래서 속담은 짧지만 많은 이야기가 담겨 있고 재미있어요. 그뿐만이 아니에요. 속담을 통해 일상생활에 필요한 지혜와 교훈을 얻을 수 있고, 옛 선조들의 생활을 엿볼 수 있지요. 예를 들어 '낙숫물이 댓돌을 뚫는다'는 속담을 같이 살펴볼까요? '낙숫물'은 기와지붕의 처마 끝에서 똑똑 떨어지는 물을, '댓돌'은 한옥집 바깥에서 안쪽 위로 올라설 때 디디는 돌계단을 말해요. 작은 물방울이 계속 떨어져서 큰 돌덩이를 뚫는다는 뜻으로, 아주 작은 힘이라도 끈기 있게 계속하면 큰일을 할 수 있다는 교훈이 담겨 있지요. 또한 한옥에서 생활하던 옛 선조들의

주거 문화도 엿볼 수 있고요.

　이처럼 속담을 많이 알면 통합적 사고력과 사회를 꿰뚫어 보는 통찰력을 가질 수 있어요. 또한 일반 상식이 늘어나니 교양을 키우는 데에도 안성맞춤이지요. 무엇보다 국어는 물론 모든 공부의 기초가 되는 어휘력이 매우 풍부해져요. 앞에서 말했듯이 적재적소에 알맞은 속담을 척척 사용하면 구구절절 자신의 의견이나 기분을 설명하지 않아도 되고, 속담 한마디로 상대방을 크게 감동시킬 수 있답니다.

　《날마다 속담》은 어린이 여러분이 틈나는 대로 짬짬이 속담을 새길 수 있게 구성하였어요. 속담이 사용되는 사례를 만화로 엮어 재미있게 보여 주고, 속담의 뜻풀이와 유래, 예화 등을 넣어 지루하지 않게 읽을 수 있지요. 또 세계 각지의 비슷한 속담이나 명언, 반대되는 속담 등도 알차게 실려 있어요. 그리고 '숨은 속담 찾기' 퀴즈도 꼭 풀어 보세요. 우리 일상 속에 와글와글 숨어 있는 속담을 찾는 재미가 아주 그만이랍니다. 신나게 퀴즈를 푸는 동안 속담을 다시금 되새기면서 오래오래 기억하게 해 줄 거예요. 그러면 '티끌 모아 태산'이 되는 것처럼 자신도 모르는 사이 속담 천재가 되어 있겠지요?

2023년 새 봄을 맞으며

원유순

차례

1장 말과 행동의 중요성   6

가는 말이 고와야 오는 말이 곱다 | 낮말은 새가 듣고 밤말은 쥐가 듣는다
남의 말 하기는 식은 죽 먹기 | 빈 수레가 요란하다 | 숭어가 뛰니 망둥이도 뛴다
달면 삼키고 쓰면 뱉는다 | 떡 줄 사람은 꿈도 안 꾸는데 김칫국부터 마신다
세 살 버릇 여든까지 간다 | 똥 누러 갈 적 마음 다르고 올 적 마음 다르다
콩으로 메주를 쑨다 해도 곧이 안 믿는다 | **숨은 속담 찾기 ① 놀이공원**

2장 배움과 노력의 가치   30

천 리 길도 한걸음부터 | 쥐구멍에도 볕 들 날이 있다 | 지성이면 감천
흐르는 물은 썩지 않는다 | 티끌 모아 태산 | 열 번 찍어 안 넘어가는 나무 없다
구슬이 서 말이라도 꿰어야 보배 | 벼는 익을수록 고개를 숙인다
하나를 보면 열을 안다 | 팔십 노인도 세 살 먹은 아이에게 배울 것이 있다
숨은 속담 찾기 ② 캠핑장

3장 욕심과 어리석음   54

쇠귀에 경 읽기 | 소 잃고 외양간 고친다 | 밑 빠진 독에 물 붓기
빈대 잡으려고 초가삼간 태운다 | 하룻강아지 범 무서운 줄 모른다 | 누워서 침 뱉기
하나만 알고 둘은 모른다 | 긁어 부스럼 | 저 먹자니 싫고 남 주자니 아깝다
혹 떼러 갔다가 혹 붙여 온다 | **숨은 속담 찾기 ③ 장날**

4장 위기를 극복하는 지혜   78

길고 짧은 것은 대어 보아야 안다 | 지나친 것은 모자란 것과 같다
우물에 가서 숭늉 찾는다 | 뱁새가 황새 따라가면 가랑이가 찢어진다 | 꿩 먹고 알 먹기
하늘이 무너져도 솟아날 구멍이 있다 | 꿩 대신 닭 | 구더기 무서워 장 못 담글까
돌다리도 두들겨 보고 건너라 | 백지장도 맞들면 낫다 | **숨은 속담 찾기 ④ 푸드 코트**

5장 세상의 이치   102

모르는 게 약이요 아는 게 병이다 | 까마귀 날자 배 떨어진다
작은 고추가 맵다 | 내 코가 석 자 | 사공이 많으면 배가 산으로 간다
호랑이 없는 골에 토끼가 왕 노릇 한다 | 싼 게 비지떡
짐승도 은혜를 안다 | 콩 심은 데 콩 나고 팥 심은 데 팥 난다
자라 보고 놀란 가슴 솥뚜껑 보고 놀란다 | **숨은 속담 찾기 ⑤ 재래시장**

6장 소중한 가족과 친구   126

피는 물보다 진하다 | 미운 아이 떡 하나 더 준다 | 바늘 가는 데 실 간다
열 길 물속은 알아도 한 길 사람 속은 모른다 | 뛰는 놈 위에 나는 놈 있다
종로에서 뺨 맞고 한강 가서 눈 흘긴다 | 안되는 사람은 뒤로 자빠져도 코가 깨진다
쥐가 고양이를 불쌍히 여긴다 | 고래 싸움에 새우 등 터진다
호랑이도 제 새끼 귀여워할 줄 안다 | **숨은 속담 찾기 ⑥ 학교**

틈틈이 읽고 짬짬이 새기는 초등 필수 속담   150

숨은 속담 찾기 정답   154

말과 행동의 중요성

가는 말이 고와야 오는 말이 곱다

이런 뜻이에요

내가 먼저 남에게 좋게 대하면 그 사람도 내게 잘한다는 뜻이에요. 좋은 인간관계는 서로 주고받는 친절한 말에서 싹트거든요. '말 한마디로 천 냥 빚을 갚는다', '가는 정이 있으면 오는 정도 있다', '말이 고마우면 비지 사러 갔다가 두부 사 온다'도 같은 뜻이에요.

옛이야기에서 찾은 속담

<꿩과 비둘기와 까치>

어느 해 가뭄이 들자 꿩, 비둘기, 까치는 먹을거리를 얻으려고 쥐를 찾아갔어요. 평소 쥐를 업신여기던 꿩과 비둘기는 쥐에게 당장 먹을 것을 내놓으라고 큰소리쳤지요.

"에헴! 지체 높은 꿩 님이 오셨으니 먹을 것을 가져오너라!"

"이 비둘기 님에게도 쌀을 바쳐라!"

반면, 까치는 공손히 머리를 숙인 뒤 먹을 것을 나누어 주면 꼭 은혜를 갚겠다고 했어요. 과연 쥐는 누구에게 먹을 것을 내주었을까요? 맞아요! 까치만 먹을거리를 얻을 수 있었어요. 이처럼 상대방의 마음을 얻으려면 고운 말을 쓰고 예의 바르게 행동해야 해요.

무심코 던진 잘못된 말이나 행동으로 상대방의 마음을 상하게 하는 일이 없도록 조심하세요.

비슷한 명언

다정한 말은 시원한 물보다도 목마름을 축여 준다. - G.허버트 (영국의 시인)

낮말은 새가 듣고 밤말은 쥐가 듣는다

아무리 비밀스럽게 하는 말도 결국은 새어 나가서 남의 귀에 들어간다는 뜻이에요. 어떤 경우든 말조심을 하라는 경계의 의미를 담고 있지요. 비슷한 속담으로 '발 없는 말이 천 리 간다'가 있어요.

〈임금님 귀는 당나귀 귀〉

신라 제48대 임금인 경문왕은 왕위에 오른 뒤 갑자기 귀가 길어져서 마치 나귀의 귀처럼 보였어요. 귀는 계속 자라서 경문왕은 복두(예전에 왕이나 벼슬아치들이 쓰던 모자)를 써야 했지요. 그리고 복두장이에게는 절대 입 밖에 내지 말라고 엄명을 내렸어요.

복두장이는 평생 비밀을 간직하고 살았는데, 죽을 때가 되자 더는 참지 못하고 대나무 숲에 가서 큰 소리로 외쳤어요.

"임금님 귀는 당나귀 귀!"

그 뒤로 바람이 불 때마다 대나무 숲에서는 "임금님 귀는 당나귀 귀!" 소리가 들렸다고 해요.

이 일화는 《삼국유사》에 수록되어 오늘날까지 전해 오고 있는데, 비록 사람이 아닌 대나무라도 소문을 퍼뜨릴 수 있으니 말조심을 하라는 교훈을 얻을 수 있어요.

벽에는 귀가 있고, 미닫이 문에는 눈이 있다.
Walls have ears, sliding doors have eyes.

남의 말 하기는 식은 죽 먹기

남의 잘못을 여기저기 마구 퍼뜨리거나 흉보는 일은 식은 죽을 먹는 것처럼 쉽다는 뜻이에요. 다른 사람의 결점을 지적하기보다 내 잘못을 먼저 돌아보라는 교훈을 담고 있지요. 비슷한 속담으로 '내 말은 남이 하고 남 말은 내가 한다'가 있어요.

<바람에 날아간 깃털>

어느 마을에 틈만 나면 남의 험담을 늘어놓는 여자가 있었어요. 마을 사람들은 여자의 행동을 괘씸하게 여겼지요. 그래서 랍비(유대교의 율법학자나 스승을 부르는 존칭)가 여자를 찾아가 깃털이 든 자루를 건네며 말했어요.

"길을 가면서 깃털을 흩뿌렸다가 돌아오는 길에 다시 주워 담으시오."

하지만 여자는 깃털이 바람에 흩날리는 바람에 자루에 도로 담을 수 없었지요. 이를 본 랍비가 여자에게 말했어요.

"한 번 내뱉은 말도 깃털처럼 다시 주워 담을 수 없소. 뒤늦게 후회해도 소용없는 일이라오."

여자는 그제야 자신의 잘못을 깨닫고 다시는 남의 흉을 보지 않았다고 해요. 이처럼 동서고금을 막론하고 누구나 남의 말 하기를 좋아하는 것 같아요. 하지만 인격이 훌륭한 사람은 상대방의 허물을 꼬집기 전에 자신에게 부족한 점은 없는지 먼저 돌아본답니다.

남의 말을 하는 것은 아이들이나 하는 놀이다.
Talking to others is a child play.

빈 수레가 요란하다

속에 든 것이 없는 사람이 아는 체하고 큰소리친다는 뜻이에요. 실제로 실속 없는 사람일수록 겉으로만 호기롭게 떠들어 대는 경우가 많답니다. '소문난 잔치에 먹을 것이 없다', '선무당이 사람 잡는다'도 같은 뜻이에요.

맹사성 일화
평소 검소하기로 이름난 조선 전기의 명재상 맹사성이 한 객주에 들렀어요. 잘 차려입은 젊은 선비가 맹사성의 초라한 행색을 보더니 업신여기는 투로 말놀이를 제안했지요. 맹사성은 흔쾌히 수락했고, 곧이어 문장이 '공' 자와 '당' 자로 끝나는 말놀이가 시작되었어요.

두 사람은 "어디 가는 공?" "서울 간당." "무슨 일로 가는공?" "벼슬 얻으러 간당." "내가 한 자리 만들어 줄공?" "예끼, 됐당." 하면서 대화를 주고받았지요. 얼마 뒤 맹사성이 조정에 나가 있는데, 객주에서 허세를 부리던 젊은 선비가 들어왔어요. 맹사성이 목을 길게 빼며 물었지요.

"어찌 왔는공?"

그러자 젊은 선비가 깜짝 놀라며 머리를 조아렸어요.

"죽여 주시당, 죽여 주시당."

별 볼 일 없는 사람이 대단한 척 뻐기고 자랑하다가는 큰코다칠 수 있다는 사실, 잊지 말아요.

허장성세 (虛: 빌 허, 張: 베풀 장, 聲: 소리 성, 勢: 기세 세)
속은 비었는데 목소리만 크다는 뜻으로, 실력도 없으면서 허세를 부리는 사람을 비꼴 때 쓰는 말이에요.

숭어가 뛰니 망둥이도 뛴다

자신의 처지나 분수는 생각하지 않고 남이 하는 대로 따라 한다는 뜻이에요. '남의 장단에 춤춘다', '남이 은장도를 차니 나는 식칼을 찬다'도 같은 뜻을 가진 속담이에요.

숭어는 민물과 바닷물이 만나는 강어귀에 사는 물고기예요. 몸이 크고 힘이 좋아서 물 위로 멋지게 솟구쳐 오르지요. 그에 반해 몸이 작고 바닷가의 모래땅에 사는 망둥이는 개펄 위를 찰박찰박 경망스럽게 뛰어요. 그래서 줏대 없이 무조건 남을 따라 하는 사람을 보고 '숭어가 뛰니 망둥이도 뛴다'고 하는 거예요.

또 숭어와 망둥이는 예로부터 많이 잡히는 생선이어서 어물전에서 저렴하게 살 수 있었어요. 그런데 어느 해 갑자기 숭어가 잡히지 않아 값이 비싸질 때면, 숭어를 사러 왔던 사람이 헛걸음하기 싫어서 망둥이라도 사 갔다고 해요. 그럴 때도 '숭어가 뛰니 망둥이도 뛴다'라고 했대요. 여기서 '뛰다'는 '가격이 오르다'라는 뜻이랍니다.

부화뇌동 (附: 붙을 부, 和: 응할 화, 雷: 우레 뢰, 同: 같이할 동)
천둥소리에 맞춰 함께한다는 뜻으로, 어떤 견해나 신념 없이 남의 의견을 좇아 행동하는 것을 말해요.

양 한 마리가 댐으로 가니 모두 따라간다.
When one sheep goes to the dam, the rest follow.

달면 삼키고 쓰면 뱉는다

이런 뜻이에요

내게 이로울 때만 이용하고, 이롭지 않을 때는 매몰차게 버린다는 뜻이에요. 상황의 옳고 그름에 따라 판단하지 않고 자신의 이익만을 따져 사람을 대할 때 사용하는 말이지요. 비슷한 속담으로 '간에 붙었다 쓸개에 붙었다 한다'가 있어요.

역사에서 찾은 속담

흥선 대원군 일화

고종이 조선의 제26대 임금이 되자, 한 남자가 고종의 아버지 흥선 대원군의 집에 뻔질나게 드나들었어요. 그런데 흥선 대원군이 정권에서 물러나자 발을 싹 끊었다가, 흥선 대원군이 다시 정권을 잡자 또다시 슬금슬금 찾아오기 시작했지요. 흥선 대원군은 남자의 행동이 너무 괘씸해서 다시는 찾아오지 말라고 호통쳤지요. 그러자 남자가 이렇게 말했어요.

"저는 한낱 장사꾼입니다. 장사꾼이 이익을 찾아다니는 것은 당연하지 않습니까?"

그러자 흥선 대원군은 고개를 끄덕이며 "그래, 세상일이 원래 그런 것이거늘 노여워할 것도 없지." 하고는 남자를 용서해 주었다고 해요.

장사꾼이 잇속을 먼저 따지는 것을 나무랄 순 없지만, 어쩐지 마음이 씁쓸해지는 이야기네요.

비슷한 고사성어

토사구팽 (兎: 토끼 토, 死: 죽을 사, 狗: 개 구, 烹: 삶을 팽)

토끼 사냥이 끝나면 사냥개는 쓸모없게 되어 삶아 먹힌다는 뜻이에요.

떡 줄 사람은 꿈도 안 꾸는데 김칫국부터 마신다

이런 뜻이에요

떡이 생길 것을 기대하고 떡과 함께 먹을 김칫국을 미리 준비한다는 뜻이에요. 김칫국이란 '동치미'나 '나박김치' 같은 국물이 있는 김치를 말하지요. 상대방은 해 줄 생각이 전혀 없는데 미리 넘겨짚어 바라거나, 일이 끝나지 않았는데 다 된 것처럼 여기고 설레발을 칠 때 쓰는 말이에요.

역사에서 찾은 속담

효령 대군 일화

양녕 대군은 조선의 제3대 임금인 태종의 첫째 아들로 일찍이 세자에 책봉되었어요. 하지만 아버지 태종이 모든 방면에서 뛰어난 셋째 충녕 대군(세종)에게 왕위를 물려주고 싶어 하는 것을 알았어요. 그래서 세자 자리에서 스스로 물러나려고 일부러 해괴한 짓을 하며 아버지의 눈 밖에 나는 행동을 일삼았지요. 그러자 둘째인 효령 대군이 당연히 자신이 세자에 책봉되는 줄 알고, 아버지에게 잘 보이려고 애썼어요. 이를 지켜보던 양녕 대군은 효령 대군을 불러 따끔하게 말했어요.

"김칫국 마시지 마라. 정녕 충녕을 몰라서 그러는 것이냐?"

효령 대군은 그제야 양녕 대군의 뜻을 알아차리고 절에 들어가 불교에 심취해 살았지요. 그러나 세종과 우애가 깊어 한 번 만나면 밤이 깊도록 나랏일에 대해 의논했다고 해요.

비슷한 외국 속담

알이 부화하기 전에 닭을 세지 마라.
Don't count your chickens before they hatch.

세 살 버릇 여든까지 간다

 **이런 뜻이에요**

어릴 때 생긴 버릇은 쉽게 고쳐지지 않는다는 뜻이에요. 그래서 한번 잘못 들인 버릇을 고치려면 많은 노력이 필요하지요. 그러니 어려서부터 좋은 생활 습관이 몸에 밸 수 있도록 노력해야 해요. '바늘 도둑이 소도둑 된다', '제 버릇 개 못 준다'도 같은 뜻의 속담이에요.

 **옛이야기에서 찾은 속담**

〈형제와 송아지〉

옛날 어느 산골에 형제가 농사를 지으며 살았어요. 형제는 송아지를 앞세워 밭을 갈았는데, 형은 앞에서 고삐를 잡고 동생은 뒤에서 보습°을 잡았지요. 그런데 동생은 형님이 고삐를 잡고 있어서 차마 "이랴! 저랴!" 하고 소리칠 수 없었어요. 그래서 송아지에게 존댓말을 썼지요.

"형님, 이리 가이소. 형님, 저리 가이소."

며칠 뒤 동생이 혼자서 밭을 가는데 아무리 송아지를 때리며 "이랴!" 하고 외쳐도 송아지가 꿈쩍하지 않았어요. 할 수 없이 "형님, 이리 가이소." 하니까 그제야 송아지가 움직였지요. 그 뒤로 동생은 송아지가 어른 소가 되어도 평생 "형님, 이리 가이소. 형님, 저리 가이소." 했다고 해요.

°보습: 쟁기 같은 농기구의 끝에 끼우는 넓적한 삽 모양의 쇳조각으로, 땅을 갈아서 흙덩이를 일으킴.

 **비슷한 격언**

버릇은 처음에는 거미줄처럼 가볍지만, 머지않아 밧줄처럼 튼튼해진다. -《탈무드》

똥 누러 갈 적 마음 다르고 올 적 마음 다르다

 **이런 뜻이에요**

일이 아주 급하거나 아쉬울 때는 매달리다가 원하는 것을 이루고 나면 시치미 떼며 모른 체한다는 뜻이에요. 마음이 변덕스럽게 자주 바뀐다는 뜻도 있지요. 비슷한 속담으로 '물에 빠진 놈 건져 놓으니까 내 봇짐 내라 한다', '족제비 잡으니까 꼬리를 달란다'가 있어요.

 **이솝 우화에서 찾은 속담**

<목에 뼈가 걸린 사자>

사자가 짐승을 잡아먹다가 그만 목에 뼈가 걸리고 말았어요. 사자는 숲속의 동물들에게 목에 걸린 뼈를 꺼내 주면 큰 상을 내리겠다고 했지요. 그러자 학이 날아와 사자의 입속에 긴 부리를 집어넣어 뼈를 꺼내 주었어요. 이어 학이 의기양양하게 큰 상이 뭐냐고 물었어요. 그런데 사자가 갑자기 버럭 화를 내며 뻔뻔하게 말했어요.

"나는 네가 내 입속에 머리를 넣었지만 잡아먹지 않았다. 이 얼마나 고마운 일이냐. 게다가 너는 이제 사자한테 잡아먹히지 않고 살아남은 것을 자랑할 수 있지 않느냐. 앞으로 힘든 일이 닥치더라도 이 일을 떠올리면 큰 위로가 될 것이다. 이것이 바로 내가 내리는 큰 상이다. 에헴!"

 **비슷한 고사성어**

조변석개 (朝: 아침 조, 變: 변할 변, 夕: 저녁 석, 改: 고칠 개)

아침에 바꾼 것을 저녁에 또다시 고친다는 뜻이에요. 변덕스러운 성격이나 태도를 가리키기도 하고, 어떤 계획을 그때그때의 상황에 따라 자주 바꿀 때도 이 말을 써요.

콩으로 메주를 쑨다 해도 곧이 안 믿는다

메주는 콩으로 만드는 것인데 이 말을 믿지 않다니 이상하지요? 거짓말을 자주 하면 참말을 해도 사람들이 곧이듣지 않는다는 뜻이에요. 반대 속담으로는 '팥으로 메주를 쑨다 해도 곧이 믿는다'가 있어요. 팥으로 메주를 쑨다는 새빨간 거짓말을 믿는다는 뜻으로, 거짓말을 그럴듯하게 하는 사람에게 쉽게 속는 경우를 가리켜요.

<양치기 소년>

깊은 산속에서 홀로 양을 치는 소년이 있었어요. 양치기 소년은 너무 심심한 나머지 장난 삼아 "늑대가 나타났어요! 도와주세요!" 하고 외쳤어요. 그러자 깜짝 놀란 사람들이 늑대를 쫓아내려고 허둥지둥 달려왔어요. 양치기 소년은 그 모습이 너무 재미있어서 그 뒤로도 똑같은 거짓말을 계속했지요. 그럴 때마다 사람들은 부리나케 달려왔고, 번번이 소년의 거짓말에 속았다며 분통을 터뜨렸어요.

그런데 며칠 뒤, 진짜로 늑대가 나타났어요! 양치기 소년은 겁에 질려 늑대가 나타났다고 다급하게 외쳤어요. 하지만 그 누구도 소년을 도우러 오지 않았답니다.

이처럼 거짓말을 반복해서 하면 나중에 진실을 말해도 아무도 믿지 않아요. 그러니 늘 정직하게 말하고 행동해야겠지요?

교묘한 언변과 풍부한 표정에는 진실성이 매우 드물다.

– 공자 (고대 중국의 사상가)

숨은 속담 찾기
① 놀이공원

사람들이 놀이공원에서 가족, 친구들과 즐거운 시간을 보내고 있네요. 그림 속에 숨은 속담을 찾아보세요!

1. 가는 말이 고와야 오는 말이 곱다
2. 낮말은 새가 듣고 밤말은 쥐가 듣는다
3. 남의 말 하기는 식은 죽 먹기
4. 빈 수레가 요란하다
5. 숭어가 뛰니 망둥이도 뛴다
6. 달면 삼키고 쓰면 뱉는다
7. 떡 줄 사람은 꿈도 안 꾸는데 김칫국부터 마신다
8. 세 살 버릇 여든까지 간다
9. 똥 누러 갈 적 마음 다르고 올 적 마음 다르다
10. 콩으로 메주를 쑨다 해도 곧이 안 믿는다

• 정답은 154쪽에 있어요.

2장

배움과 노력의 가치

천 리 길도 한걸음부터

이런 뜻이에요

천 리 길은 고사하고 아무리 가까운 곳이라도 첫걸음을 떼지 않는다면 결코 닿을 수 없겠지요? 즉, 무슨 일이든 시작이 중요하다는 뜻이에요. 그러나 처음 시작은 누구나 하기 싫고 어려워요. 그래서 이런 속담도 생겼을 거예요. '첫 술에 배부르랴', '시작이 반이다'도 같은 뜻의 속담이에요.

역사에서 찾은 속담

에드먼드 힐러리 일화

1953년 세계 최초로 에베레스트산 정상에 오른 뉴질랜드의 에드먼드 힐러리는 한 신문과의 인터뷰에서 다음과 같이 말했어요.

"에베레스트를 정복하기 위해 모든 고난을 견디며 한 발, 한 발 꾸준히 걸었더니 마침내 산꼭대기에 도착했습니다. 나는 산꼭대기가 아니라 발밑을 보며 한 걸음씩 걸었을 뿐입니다."

사실 힐러리는 어려서부터 몸집이 작고 성격도 소심했다고 해요. 그는 자신의 약점을 극복하기 위해 복싱을 배우고 낮은 산을 꾸준히 오르며 오랫동안 훈련했어요. 그 결과 세계 최초로 에베레스트산에 오른 탐험가로 역사에 이름을 남겼지요. 이처럼 불가능해 보이는 일도 작은 것부터 차근차근 시작하면 가능한 일로 만들 수 있답니다.

비슷한 외국 속담

로마는 하루아침에 이루어지지 않았다.
Rome wasn't built in a day.

쥐구멍에도 볕 들 날이 있다

지금은 힘들게 사는 사람도 언젠가는 좋은 날이 찾아올 거라는 뜻이에요. 어렵고 고된 일을 견디고 나면 반드시 즐거운 일이 생긴다는 희망을 주는 말이지요. 비슷한 속담으로 '고생 끝에 낙이 온다', '고랑도 이랑 될 날이 있다'가 있어요.

도종의 일화

옛날 중국 원나라에 가난한 농부의 아들이 있었어요. 소년은 매우 똑똑하고 성실했지만, 밥도 제대로 먹지 못할 만큼 집안 형편이 어려워 공부 대신 농사일을 할 수밖에 없었지요. 하지만 소년은 농사를 지으면서도 힘든 내색을 하지 않았어요. 또 언젠가 좋은 날이 올 거라는 희망도 버리지 않았지요. 그래서 비싸서 구하기 어려운 붓과 종이 대신, 숯으로 나뭇잎 위에 글을 쓰며 꾸준히 글쓰기를 연습했어요.

그 결과 소년은 자라서 훌륭한 학자가 되었고, 원나라에 대한 이야기를 기록한 《철경록》을 30권이나 썼어요. 이 소년이 바로 중국 역사에서 위대한 문학가로 평가받는 '도종의'예요. 도종의의 이 일화에서 '쓴 것이 다하면 단 것이 온다'는 뜻의 고사성어 '고진감래(苦盡甘來)'가 유래했답니다.

행운은 차례로 문을 두드린다.

Fortune knocks at outdoor by turns.

지성이면 감천

며칠 후

정성을 다하면 하늘도 감동한다는 말이에요. 불가능해 보일지라도 굳은 의지로 끝까지 포기하지 않으면 반드시 이루어진다는 뜻이지요. '정성이 지극하면 돌 위에 풀이 난다'도 같은 뜻의 속담이에요.

<지성이 감천이>

옛날에 장님 감천이와 앉은뱅이 지성이가 살았어요. 둘은 서로에게 눈과 다리가 되어 주기로 했고, 감천이가 지성이를 업고 다니며 밥을 구걸해 먹고살았지요.

어느 날, 지성이와 감천이는 옹달샘에서 큰 금덩이를 발견했어요. 하지만 사이좋게 나눌 수 없는 금덩이는 두 사람에게 아무 의미가 없었지요. 그래서 지나가던 행인에게 금덩이를 주었는데, 다른 사람의 눈에는 금덩이가 아니라 큰 구렁이로 보였어요! 행인은 화가 나서 금덩이를 둘로 잘라 버렸지요. 지성이와 감천이는 두 동강이 난 금덩이도 욕심 내지 않고 절에 바쳤어요. 스님은 둘을 위해 10년 동안 '지성이, 감천이.' 이름을 외며 매일 기도를 올렸지요. 그 결과 지성이는 허리를 펴고 일어났고, 감천이는 눈을 뜨게 되었어요. 서로를 진심으로 아끼고 열심히 산 두 사람에게 하늘도 감동하여 복을 내려 준 거예요.

난상가란 (卵: 알 란, 上: 윗 상, 加: 더할 가, 卵: 알 란)

달걀 위에 달걀을 올린다는 뜻으로, 이루기 어려운 일이라도 열심히 노력하면 좋은 결과가 있다는 말이에요.

흐르는 물은 썩지 않는다

평소에 부지런히 배우고 꾸준히 단련하는 사람은 계속 발전한다는 뜻이에요. 비슷한 속담으로 '돌쩌귀에는 녹이 슬지 않는다', '부지런한 물레방아는 얼 새도 없다'가 있어요.

랍비 힐렐 이야기

2,000여 년 전, 로마의 지배를 받았던 이스라엘 사람들은 몹시 가난했어요. 유대인 힐렐도 열심히 일했지만 하루에 겨우 동전 한 닢밖에 벌지 못했지요. 힐렐은 동전 한 닢을 쪼개 반은 생활비로, 반은 학비를 냈어요. 그런데 겨울이 되자 동전 한 닢도 벌기 어려워 결국 학비를 내지 못했어요. 그러나 공부를 멈출 수 없었던 힐렐은 학교 지붕에 올라가 굴뚝에 귀를 대고 수업을 듣다가 그만 깜빡 잠이 들고 말았어요.

다음 날 아침, 학생들이 천장의 들창을 올려다보다가 밤새 꽁꽁 얼어붙은 힐렐을 발견했어요. 다행히 힐렐은 학생들의 보살핌 덕에 무사히 깨어났지요. 학교는 배움에 대한 굳은 의지를 보여 준 힐렐에게 감동하여 수업료를 면제해 주었고, 이후로 유대인 학교에서는 수업료가 없어지게 되었답니다.

구르는 돌은 이끼가 끼지 않는다. A rolling stone gathers no moss.

이 속담은 외국에서 크게 두 가지 의미로 사용돼요. 하나는 우리나라처럼 '꾸준히 노력하면 뒤처지지 않는다'는 뜻이고, 다른 하나는 이리저리 옮겨 다니며 직업을 자주 바꾸면 좋지 않으니 '우물을 파도 한 우물을 파라'는 의미로 쓰여요.

티끌 모아 태산

아무리 작은 것이라도 모이면 큰 것이 된다는 뜻이에요. 마찬가지로 작은 노력이라도 끈기 있게 계속하면 큰일을 이룰 수 있겠지요? 비슷한 속담으로 '먼지도 쌓이면 큰 산이 된다', '낙숫물이 댓돌 뚫는다', '실도랑 모여 대동강 된다'가 있어요.

장괴애 일화

중국 북송 시대의 관리이자 문학가인 장괴애가 숭양 지방의 현령을 지낼 때였어요. 어느 날, 장괴애는 한 관원이 관아 창고에서 급하게 튀어나오는 것을 보았어요. 아무래도 수상해 조사해 보니 엽전 한 닢을 훔쳐 두건 속에 숨기고 있었지요. 장괴애는 즉시 곤장을 치라고 벌을 내렸어요.

그러자 관원이 오히려 발끈하며 따져 물었지요.

"그까짓 엽전 한 닢 훔쳤다고 곤장을 치라니요. 그게 그리 큰 죄입니까? 저를 때릴 순 있을지 몰라도 죽이진 못할 것입니다."

장괴애는 돈을 훔쳐 놓고 오히려 펄펄 뛰는 관원에게 몹시 화가 났어요. 그래서 다음과 같이 호통을 치고 관원을 참수형에 처했어요.

"티끌 모아 태산이라는 말을 모르느냐? 하루에 한 닢이면, 천 일이면 천 닢이다. 노끈에 쓸려 나무가 잘려 나가고, 끊임없이 떨어지는 물방울이 돌을 뚫는 법이다."

한 푼을 아끼면 한 푼을 번 것이다.

A penny saved is a penny earned.

열 번 찍어 안 넘어가는 나무 없다

아무리 심지가 굳은 사람도 계속 권하거나 유혹하면 결국 마음이 바뀐다는 말이에요. 그러나 실제로는 꾸준히 노력하면 어떤 일이든 이룰 수 있다는 뜻으로 더 많이 쓰여요. 비슷한 속담으로 '무쇠도 갈면 바늘이 된다'가 있고, 반대 속담으로는 '못 오를 나무는 쳐다보지도 말라'가 있어요.

토머스 에디슨 일화

미국의 발명가 토머스 에디슨이 전구를 발명하자, 한 신문 기자가 인터뷰에서 이렇게 물었어요.

"전구를 발명하기 전에 5,000번 이상 실험을 실패했다고 들었습니다. 그렇게 계속 실패할 때마다 어떤 마음으로 견뎠습니까?"

그러자 에디슨은 이렇게 대답했어요.

"나는 실패한 적이 없소. 그건 전구를 발명하기 위해 거쳐야 했던 수많은 과정 중 하나였을 뿐이오."

이처럼 에디슨은 실패를 거듭해도 결코 포기하거나 좌절하지 않았어요. 그 결과 발명 특허만 1,093개에 달하는, 역사에 길이 남을 위대한 발명가가 되었답니다.

노력은 결코 배신하지 않는다. – 미상
성공은 열심히 노력하며 기다리는 사람에게 찾아온다.

– 토머스 에디슨 (미국의 발명가)

구슬이 서 말이라도 꿰어야 보배

이런 뜻이에요

아무리 귀한 옥구슬이라도 실에 꿰어야 목걸이가 되겠지요? 이처럼 아무리 좋은 것이라도 쓸모 있게 만들거나 완전히 끝을 맺어야 비로소 가치가 있다는 뜻이에요. 또 뛰어난 재능도 꾸준히 갈고닦아 놓아야 필요할 때 쓸 수 있는 법이고요. 비슷한 속담으로 '부뚜막의 소금도 집어넣어야 짜다'가 있어요.

옛이야기에서 찾은 속담

〈게으른 여자〉

옛날 어느 마을에 아주 게으른 여자가 살았어요. 얼마나 게으른지 밥을 하는 것도, 먹는 것도 귀찮아서 굶기 일쑤였지요.

하루는 이웃집 여자가 찾아와 얼굴이 왜 그리 안됐냐고 물었어요. 여자는 며칠을 굶어서 그렇다고 대답했지요. 이웃집 여자는 안타까운 마음에 우리 집에 조가 많이 있으니 마음껏 가져가 밥을 지어 먹으라고 했어요. 그러자 게으른 여자가 시큰둥하게 조의 껍질은 다 깠냐고 물었지요. 이웃집 여자가 의아해하며 껍질은 직접 까야 한다고 하자, 게으른 여자가 코웃음을 쳤어요.

"아, 됐어요. 껍질을 까지 않은 조는 우리 집에도 차고 넘치게 많아요."

그러자 이웃집 여자가 혀를 끌끌 차며 이렇게 말했어요.

"구슬이 서 말이면 뭐 하나? 꿰어야 보배지."

비슷한 외국 속담

손 안에 든 새 한 마리가 풀숲에 있는 두 마리 새보다 가치가 있다.
A bird in the hand is worth two in the bush.

팔십 노인도 세 살 먹은 아이에게 배울 것이 있다

이런 뜻이에요

어리고 수준이 낮은 사람의 말이라도 배울 것이 있을 수 있으니 귀담아들어야 한다는 뜻이에요. '배움에는 나이가 없다', '업은 자식에게 배운다'도 같은 뜻의 속담이에요.

역사에서 찾은 속담

공자 일화

공자가 구멍이 아홉 구비로 구부러진 진기한 구슬을 얻었는데, 구슬 구멍에 실을 꿰려고 온갖 방법을 다 써 보았지만 모두 실패하고 말았어요. 그러다 뽕잎을 따고 있는 한 부인에게 다가가 그간의 사정을 설명하고 도움을 청했어요. 바느질하는 아낙네라면 분명 구슬에 실 꿰는 법을 잘 알 거라고 여긴 거지요.

부인은 공자에게 꿀을 이용하라고 알려 주었어요. 공자는 부인의 말을 골똘히 생각하다가 무릎을 탁 쳤지요. 그러고는 개미 한 마리를 붙잡아 허리에 실을 묶은 뒤 구슬의 한쪽 구멍에 개미를 밀어 넣었어요. 그리고 반대편 구멍에는 꿀을 발랐지요. 그러자 개미가 꿀 냄새를 쫓아 반대쪽 구멍으로 기어 나왔어요. 이렇게 해서 공자는 구슬에 실을 꿸 수 있었답니다.

이처럼 세상의 이치를 훤히 꿰고 있던 천하의 공자도 뽕잎 따는 부인에게 한 수 배웠다는 사실, 꼭 기억하세요. 모르는 것을 묻는 것은 부끄러운 일이 아니랍니다.

비슷한 명언

세 사람이 길을 가면 그중에 반드시 나의 스승이 있다.

– 공자 (고대 중국의 사상가)

벼는 익을수록 고개를 숙인다

이런 뜻이에요

벼는 이삭에 꽃이 피고 열매가 많이 열리면 무거워서 고개를 푹 숙여요. 이와 마찬가지로 사람도 실력이 뛰어나거나 인품이 훌륭할수록 자신을 낮추고 겸손하게 행동한다는 뜻이에요. 비슷한 속담으로 '물이 깊을수록 소리가 없다'가 있어요.

역사에서 찾은 속담

한호(한석봉) 일화

한석봉은 어린 시절, 집을 떠나 송악(개성)의 한 스승 밑에서 공부했어요. 석봉의 어머니는 떡을 팔아 아들의 공부를 뒷바라지했지요.

그렇게 3년이 흐른 어느 날, 석봉은 어머니가 너무 그리운 데다 더는 배울 것이 없다고 여겨 집으로 돌아왔어요. 그러자 어머니는 불을 끈 뒤 각자 떡을 썰고 글을 써 그 솜씨를 비교해 보자고 했어요. 석봉은 자신 있게 붓글씨를 썼으나, 막상 불을 켜 보니 글씨가 삐뚤빼뚤 엉망이었지요. 반면 어머니의 떡은 마치 기계로 찍어 낸 것처럼 크기와 두께가 똑같았어요. 어머니는 석봉을 엄하게 타일렀어요.

"벼는 익을수록 고개를 숙이는 법이다. 자만하지 말고 글씨 공부를 더 하고 오너라."

이 일로 크게 깨달은 한석봉은 그 뒤로 7년간 글쓰기에 더욱 매진하였어요. 그 결과 훗날 조선의 명필가로 이름을 널리 떨쳤답니다.

비슷한 격언

참된 물은 향기가 없고, 참된 빛은 번쩍거리지 않는다. -《종용록(從容錄)》

하나를 보면 열을 안다

하나를 알려 주면 스스로 열을 깨우친다는 뜻으로, 아주 총명하고 영특한 사람을 가리켜요. '될성부른 나무는 떡잎부터 알아본다'는 속담도 같은 뜻이지요.

안영 일화
중국 제나라 임금이 당시 재상이었던 안영의 집에 행차했어요. 임금은 안영의 늙고 못생긴 아내를 보고는, 젊고 아름다운 자신의 딸과 재혼하는 것이 어떠냐고 물었지요. 그러자 안영은 이렇게 대답했어요.

"아내가 남편을 섬기는 마음은 훗날 자신이 늙고 보기 싫어지더라도 버리지 않을 거라는 믿음입니다. 신의 아내가 비록 늙고 아름답지 않으나, 지금껏 괴로움과 즐거움을 함께한 아내를 저버릴 수 없습니다."

이에 임금은 크게 감탄하며 안영을 더욱 신뢰했다고 해요.

"아내를 그리 소중히 여기는 경이라면 임금 또한 저버리지 않겠구나."

'하나를 보면 열을 안다'는 속담은 이처럼 일부만 보고 전체를 짐작할 수 있다는 뜻으로도 쓰여요. 말 한마디, 작은 행동 하나로 그 사람의 됨됨이를 헤아릴 수 있을 때 사용하지요.

일엽지추 (一: 한 일, 葉: 잎 엽, 知: 알 지, 秋: 가을 추)
낙엽 하나를 보고 가을이 온 것을 안다는 뜻이에요. 사소한 현상이나 사건을 보고 앞날을 미리 짐작하는 것을 의미하지요.

숨은 속담 찾기
② 캠핑장

아름다운 자연 속에서 마음껏 뛰노는 친구들이 행복해 보이네요. 그림 속에 숨은 속담을 찾아보세요!

1. 천 리 길도 한걸음부터

2. 쥐구멍에도 볕 들 날이 있다

3. 지성이면 감천

4. 흐르는 물은 썩지 않는다

5. 티끌 모아 태산

6. 열 번 찍어 안 넘어가는 나무 없다

7. 구슬이 서 말이라도 꿰어야 보배

8. 벼는 익을수록 고개를 숙인다

9. 하나를 보면 열을 안다

10. 팔십 노인도 세 살 먹은 아이에게 배울 것이 있다

• 정답은 154쪽에 있어요.

3장
욕심과 어리석음

쇠귀에 경 읽기

아무리 가르쳐 주어도 알아듣지 못하거나 알아듣고도 따르지 않는 경우를 말해요. 여기서 '경'은 유교의 사상과 교리를 담은 '경전(經典)'을 의미해요. 사람에게도 어려운 '경'을 소에게 읽어 준다 한들 알아들을 리 없지요. 그래서 아무리 얘기해도 알아듣지 못할 때 '쇠귀에 경 읽기'라고 해요. 비슷한 속담으로 '한 귀로 듣고 한 귀로 흘린다'가 있어요.

마이동풍 (馬: 말 마, 耳: 귀 이, 東: 동녘 동, 風: 바람 풍)

동풍(봄바람)이 말의 귀를 스쳐 지나간다는 뜻이에요. 남의 말을 귀담아 듣지 않고 그대로 흘려버리거나 무슨 말을 들어도 전혀 느끼지 못하는 것을 비유하지요.

중국 당나라의 시인 이백은 친구 왕십이가 문인을 홀대하는 세상을 한탄하는 시를 지어 보내자, 답장에 "우리가 아무리 좋은 시를 지어도 세상 사람들이 알아주지 않는다."고 울분을 터뜨리며 다음과 같이 맺었어요.

세상 사람들이 이 말을 듣고 모두 머리를 흔드네. [世人聞此皆掉頭]
마치 동풍에 쏘인 말의 귀처럼. [有如東風射馬耳]

이때부터 이 시에 나오는 '마이동풍'을 남의 말을 귓등으로 듣는다는 뜻으로 쓰기 시작해 지금까지 전해 오고 있답니다.

벽 대고 말하기 Like talking to a wall

소 잃고 외양간 고친다

이런 뜻이에요

일이 잘못된 뒤에는 뉘우치고 손을 써도 아무 소용이 없다는 뜻이에요. 나중에 후회하지 말고 평소에 미리 대비하는 게 훨씬 지혜롭겠지요? 비슷한 속담으로 '도둑 맞고 사립문 고친다', '이미 엎지른 물이다'가 있어요.

옛이야기에서 찾은 속담

〈청개구리의 불효〉

옛날에 부모가 무슨 얘기를 하든 무조건 반대로 행동하는 청개구리가 살았어요. 그런 자식 때문에 평생 속을 썩인 엄마 개구리는 죽으면 산에 묻히려고, 자식에게 다음과 같이 유언을 남겼지요.

"내가 죽거든 강가에 묻어다오."

얼마 뒤 엄마 개구리가 죽자 그제야 자신의 잘못을 뉘우친 청개구리는 유언대로 엄마를 강가에 묻었어요. 그 뒤로 청개구리는 비만 오면 엄마의 무덤이 떠내려갈까 봐 걱정되어 슬프게 울었다고 해요.

이 이야기는 비가 올 때면 청개구리가 우는 사실을 바탕으로 만들어진 구전 설화예요. 말 안 듣는 아이를 가리켜 '청개구리 같다'고 표현하는 관용어가 있을 만큼 우리에게 익숙한 이야기지요.

여러분은 청개구리처럼 잘못을 저지른 뒤에 뒤늦게 후회하는 사람이 되어선 안 되겠지요?

비슷한 고사성어

사후약방문 (死: 죽을 사, 後: 뒤 후, 藥: 약 약, 方: 모 방, 文: 글월 문)

사람이 죽은 다음에야 약을 짓는다는 뜻으로, 일을 그르친 뒤에 대책을 세우는 어리석은 행동을 말해요.

밑 빠진 독에 물 붓기

밑에 구멍이 뚫린 독에는 아무리 물을 부어도 결코 채워지지 않겠지요? 이처럼 열심히 노력해도 보람 없이 헛된 일이 되는 상태를 뜻해요. 비슷한 속담으로 '백사장에 오줌 누기'가 있어요.

<콩쥐 팥쥐>

이 속담은 전래 동화 <콩쥐 팥쥐>에서도 찾아볼 수 있어요.

여러분도 잘 알고 있듯이, 착한 콩쥐는 새어머니와 이복동생 팥쥐에게 온갖 구박을 받았어요. 그러던 어느 날 새어머니가 외가 잔치에 팥쥐만 데려가면서, 콩쥐에게 밑 빠진 독에 물 길어 붓기, 벼 찧기, 베 짜기를 다 끝낸 후 잔치에 오라고 하지요. 사실상 불가능한 일이었기에 콩쥐는 서럽게 울었어요.

그때 어디선가 두꺼비가 나타나 독의 구멍을 막아 주고, 새들이 날아와 벼를 찧어 주어요. 그리고 하늘에서 선녀가 내려와 베를 대신 짜 주지요. 결국 콩쥐는 주변의 도움으로 모든 어려움을 이겨 내게 돼요.

착한 사람은 복을 받고 못된 사람은 벌을 받는다는 사실, 잊지 마세요.

한강투석 (漢: 한나라 한, 江: 강 강, 投: 던질 투, 石: 돌 석)

한강에 돌 던지기라는 뜻으로, 아무리 애써도 효과가 없는 상황을 가리키는 말이에요.

빈대 잡으려고 초가삼간 태운다

이런 뜻이에요

빈대 한 마리 잡으려고 집에 불을 지르다니 이처럼 황당하고 어리석은 일이 또 있을까요? 이렇게 작은 일을 바로잡으려다가 오히려 더 큰 손해를 볼 때 사용하는 말이에요. 비슷한 속담으로 '콩 볶아 먹다가 가마솥 깨뜨린다'가 있어요.

속담의 유래

〈빈대와 초가집〉

옛날에 어떤 남자가 초가집의 따뜻한 아랫목에 누워 쉬고 있었어요. 그런데 몸이 가려워 이불을 들춰 보니 빈대 여러 마리가 톡톡 튀어 오르지 뭐예요? 남자는 빈대를 잡으려고 온갖 방법을 다 써 보았지만, 아무리 애써도 작고 날렵한 빈대를 잡을 수 없었지요.

몹시 화가 난 남자는 밖으로 나와 초가집에 불을 질러 버렸어요. 마을 사람들이 깜짝 놀라서 불을 끄려고 달려왔지만 너무 늦은 뒤였지요.

그런데 남자는 속이 시원하다는 듯이 껄껄 웃으며 말했어요.

"이제 더는 빈대가 나오지 않겠지?"

그 모습을 본 마을 사람들은 기가 막혀서 혀를 끌끌 찼어요.

"이 사람아, 빈대 잡으려다 초가삼간을 태웠구먼."

비슷한 외국 속담

돼지를 구우려다 집을 태우지 마라.

You shoudn't burn the house to roast the pig.

하룻강아지 범 무서운 줄 모른다

갓 태어난 강아지는 세상 경험이 없으니 범(호랑이)이 얼마나 무서운지 모르지요. 이처럼 세상 물정 모르는 어린 사람이 제 분수도 모르고 힘이 강한 상대에게 함부로 덤빈다는 뜻이에요. '미련한 송아지 백정을 모른다', '미친개가 호랑이 잡는다'도 같은 뜻의 속담이에요.

정중부 일화

고려 말기에는 무신들을 푸대접하고, 문신들만 우대하는 분위기가 퍼져 있었어요. 무신들은 전쟁터에서 목숨을 바쳐 싸워도 월급도 받지 못할 만큼 심한 차별을 받았지요. 그러던 어느 날, 무신들의 불만이 폭발하는 사건이 일어났어요. 궁에서 잔치가 열려 문신과 무신이 한자리에 모였는데, 무신들은 잔치를 즐기지 못하고 왕과 문신들을 호위해야 했지요. 게다가 문신 김부식의 아들 김돈중이 한참 나이가 많은 무신 정중부의 수염을 촛불로 태우고 낄낄거리기까지 했어요. 이 일은 정중부와 무신들의 가슴에 깊은 분노를 안겨 주었지요. 결국 '정중부의 난'이 일어나면서 왕과 문신들이 쫓겨나고 무신들이 정권을 장악하게 돼요.

김돈중이 대장군 정중부를 몰라보고 철없이 덤비지 않았다면 무신의 난은 일어나지 않았을지 몰라요. 여러분은 어떤 행동을 하기 전에 상황을 신중히 살피고 판단해 어리석은 실수를 하지 않기로 해요!

바보는 천사들도 밟기 두려워하는 곳에 달려든다.
– 알렉산더 포프 (영국의 시인)

누워서 침 뱉기

이런 뜻이에요

남을 해하려고 꾀를 냈다가 도리어 자기가 그 꾀에 당해 큰 손해를 본다는 뜻이에요. '하늘에 돌 던지는 격', '제 발등 제가 찍는다', '귀 막고 방울 도둑질한다'도 비슷한 속담이에요.

옛이야기에서 찾은 속담

〈어리석은 도둑〉

어느 마을에 큰 부자가 살았는데, 재물을 지키려고 문마다 방울을 달았어요. 한편 부자의 재물을 호시탐탐 노리던 도둑들은 머리를 맞대고 훔칠 방법을 의논했지요. 그러다 한 도둑이 좋은 꾀가 있다며 무릎을 탁 쳤어요.

"우리 귀를 솜으로 막는 거야. 그러면 방울 소리가 안 들리잖아."

"그것참, 좋은 생각이군."

솜으로 귀를 꽁꽁 틀어막은 도둑들은 방울 소리가 들리지 않자, 마음 놓고 도둑질을 했어요. 하지만 방울 소리를 듣고 달려온 부자에게 곧장 붙잡히고 말았지요. 어리석은 도둑들은 서로를 쳐다보며 어리둥절한 표정을 지었어요. 부자는 도둑들의 귀에서 솜뭉치를 몽땅 뽑아내며 버럭 소리쳤지요.

"이놈들아, 제 귀만 틀어막으면 소리가 안 난다냐?"

위 이야기의 도둑들처럼 속셈이 빤히 보이는데 어설프게 상대를 속이려 할 때 '귀 막고 방울 도둑질한다'고 말해요. 얄팍한 속임수로 남을 속이려다가 오히려 크게 화를 입을 수 있다는 사실, 꼭 기억하세요.

비슷한 외국 속담

코를 자르면 너의 얼굴이 다친다.
Cut off your nose to spite your face.

하나만 알고 둘은 모른다

사물의 한쪽 면만 볼 뿐, 두루 보지 못한다는 뜻이에요. 생각이 깊지 않고, 융통성이 없는 어리석은 사람을 가리키는 말이지요. 같은 뜻의 속담으로 '우물 안 개구리'가 있어요. 좁은 우물 안에 사는 개구리는 하늘이 얼마나 넓고, 바다가 얼마나 깊은지 전혀 모른 채 오직 우물만큼의 크기로만 세상을 이해한다는 말이에요.

〈도둑맞은 소금〉

옛날에 한 소금 장수가 산골 마을에서 소금을 판 뒤 남은 소금은 어느 집에 맡겨 두었어요. 그런데 다음 날, 그 집에 가 보니 소금은 몽땅 사라지고 빈 가마니만 덩그러니 놓여 있었지요. 소금 장수는 남에게 소금을 맡기면 안 된다는 것을 깨닫고, 그날 팔고 남은 소금을 개울물 깊은 곳에 담가 두었어요.

다음 날, 개울에 가 보니 이번에도 소금은 하나도 없고 물 위에 빈 가마니만 둥둥 떠 있었어요. 소금 장수는 털썩 주저앉아 이렇게 한탄했지요.

"아니, 물속에 감춰 둔 소금을 어떻게 알고 가져간 거지? 와, 정말 무서운 세상이야."

소금이 물에 녹는다는 것을 몰랐던 소금 장수는 눈앞의 현상만 보고 자기 멋대로 생각했어요. 소금 장수처럼 어리석게 행동하지 않으려면 많이 보고, 듣고, 배우는 것이 중요하답니다.

여름 한 철만 사는 곤충에게는 얼음에 대해 설명할 수 없다. 그 곤충은 자신이 사는 여름이라는 시간만 고집하기 때문이다. – 장자 (고대 중국의 사상가)

긁어 부스럼

멀쩡한 피부를 자꾸 긁으면 상처가 나겠지요? 부스럼은 피부에 나는 종기를 통틀어 이르는 말이에요. 내버려 두면 괜찮을 텐데 공연히 건드려 오히려 화를 불러온다는 뜻이지요. 비슷한 속담으로 '공연한 제사 지내고 어물 값에 졸린다'가 있어요.

사족 (蛇: 뱀 사, 足: 발 족)

옛날 중국 초나라에는 제사상에 올린 술을 하인들에게 나누어 주는 관습이 있었어요. 그래서 제삿날이 되면 하인들은 공짜 술을 기대하며 목이 빠지게 기다렸지요.

하루는 제삿술이 내려왔는데 그 양이 너무 적었어요. 그러자 한 하인이 가장 먼저 뱀을 그리는 사람에게 술을 몽땅 주자고 제안했지요. 하인들은 일제히 땅바닥에 뱀을 그리기 시작했고, 얼마 뒤 그림 솜씨가 뛰어난 한 하인이 재빨리 뱀을 그린 뒤 의기양양하게 술병을 낚아챘어요. 그런데 그는 솜씨를 뽐내고 싶은 마음에 뱀의 몸에 네 발까지 그려 넣었지요. 그러자 그림을 두 번째로 빨리 그린 하인이 냅다 술병을 뺏으며 말했어요.

"세상에 발 달린 뱀이 어디 있나? 이건 뱀이 아니니 술은 내 차지일세."

이때부터 누군가 쓸데없는 행동을 하면 '괜히 사족을 달아서 일을 그르쳤어.'라고 말하게 되었답니다.

잠자는 개는 건드리지 말고 그냥 두어라.
Let sleeping dogs lie.

저 먹자니 싫고 남 주자니 아깝다

자기는 갖기 싫지만 남 주기도 아깝다는 뜻으로, 몹시 인색하고 욕심이 많은 사람을 가리키는 말이에요. 이러지도 저러지도 못하는 난처한 상황일 때도 사용할 수 있어요. 비슷한 속담으로 '쉰 밥 고양이 주기 아깝다'가 있어요.

〈뇌물 좋아하는 대감〉

옛날에 뇌물을 좋아하는 대감이 있었어요. 창고에는 전국 각지에서 올라온 비단, 보석, 곡식, 생선, 고기 등 귀한 물건들이 차고 넘쳤지요. 그런데 날이 더워지자 생선과 고기가 썩기 시작했어요.

"대감마님, 음식이 더 썩기 전에 이웃에게 나누어 주면 어떨까요?"

하인이 걱정스럽게 아뢰었지만, 대감은 펄펄 뛰며 손도 못 대게 했어요.

"흥! 누구 마음대로! 썩어도 내 것이니 그냥 둬라."

결국 대감의 집은 음식 썩는 냄새가 진동했고 구더기까지 득실거렸어요. 사람들은 욕심 많은 대감을 손가락질하며 수군거렸지요.

"저 먹자니 싫고 남 주자니 아깝다는 게로군."

이때부터 욕심 많은 사람을 일컬을 때 이 속담이 쓰였다고 해요. 욕심을 부리는 대신 다른 사람들과 함께 나누고 베풀 때 더 행복하다는 사실, 잊지 말아요.

계륵 (鷄: 닭 계, 肋: 갈빗대 륵)

닭의 갈비라는 뜻으로, 큰 소용은 없으나 버리기는 아깝다는 뜻이에요.

혹 떼러 갔다가 혹 붙여 온다

이런 뜻이에요

이득을 얻으려고 하다가 오히려 큰 손해를 볼 때 쓰는 말이에요. 또는 자기의 부담을 덜려고 하다가 다른 일까지 도맡게 된 경우에도 사용하지요. 비슷한 속담으로 '되로 주고 말로 받는다', '가는 방망이 오는 홍두깨'가 있어요.

속담의 유래

〈혹부리 영감〉

마음씨 착한 혹부리 영감이 산에 나무를 하러 갔다가 날이 저물어서 빈집에 들어가 하룻밤 쉬어 가기로 했어요. 그러다 한밤중에 심심해서 노래를 불렀더니, 도깨비들이 몰려와 물었지요.

"영감, 그 노래는 대체 어디서 나오는 거요?"

"내 혹에서 나오는 거라오."

혹부리 영감은 무섭기도 하고 우습기도 해서 그렇게 둘러댔지요. 그러자 도깨비들이 보물을 줄 테니 혹을 팔라고 했고, 혹부리 영감은 얼씨구나 하고 혹을 떼 주었어요. 얼마 뒤 이 소식을 들은 욕심쟁이 혹부리 영감은 자신도 혹을 떼고 보물을 얻으려고 빈집에 가 노래를 불렀지요. 그러자 도깨비들이 나타나 "얼마 전 한 영감한테 감쪽같이 속았는데 너도 똑같은 놈이구나!" 하면서 욕심쟁이 영감에게 지난번에 얻은 혹을 철썩 붙였어요.

이때부터 얍삽하게 남을 속여 이득을 얻으려다 된통 당하는 사람을 두고 '혹 떼러 갔다가 혹 붙여 온다'고 말하게 되었답니다.

비슷한 외국속담

양털 얻으러 갔다가 도리어 털이 깎여 돌아온다.
Go for wool and come home shorn.

숨은 속담 찾기
③ 장날

사람들이 손꼽아 기다리던 장이 열렸어요. 왁자지껄 장터에 모여든 사람들 속에서 속담을 찾아보세요!

1. 쇠귀에 경 읽기
2. 소 잃고 외양간 고친다
3. 밑 빠진 독에 물 붓기
4. 빈대 잡으려고 초가삼간 태운다
5. 하룻강아지 범 무서운 줄 모른다
6. 누워서 침 뱉기
7. 하나만 알고 둘은 모른다
8. 긁어 부스럼
9. 저 먹자니 싫고 남 주자니 아깝다
10. 혹 떼러 갔다가 혹 붙여 온다

• 정답은 154쪽에 있어요.

4장

위기를 극복하는 지혜

길고 짧은 것은 대어 보아야 안다

이런 뜻이에요

모든 일은 실제로 해 보아야 알 수 있다는 뜻이에요. 그러니 어떤 일을 도전하기도 전에 지레 포기하거나 피하는 건 어리석은 행동이겠지요? 비슷한 속담으로 '밥인지 죽인지는 솥뚜껑을 열어 보아야 안다'가 있어요.

속담의 유래

<노스님과 지팡이>

오랫동안 도를 닦은 노스님이 지팡이를 보여 주며 제자들에게 말했어요.
"이 지팡이를 톱이나 도끼로 자르지 말고 짧게 만들어 보아라."
제자들은 몇 개월 동안 머리를 싸매고 연구했지만, 도구를 사용하지 않고는 지팡이를 짧게 만들 수 없었어요.
그러던 어느 날, 젊은 스님이 자신이 한번 해 보겠다고 나섰어요. 젊은 스님은 노스님과 제자들이 지켜보는 가운데 크고 긴 막대를 가져와 지팡이 옆에 나란히 놓았지요. 그러자 노스님이 빙그레 웃으며 고개를 끄덕였어요.
"허허, 맞다. 길고 짧은 것은 대어 보아야 아느니라. 이것이 바로 세상의 이치다. 알겠느냐?"
그제야 제자들은 스승의 깊은 뜻을 깨닫고, 수도에 더욱 전념했다고 해요. 위 이야기에서 보듯이, 지팡이를 잘라야 짧아질 거라는 선입견을 버리니 문제가 쉽게 해결되었어요. 여러분도 겉모습이나 어떤 상황을 보고 선입견을 가질 게 아니라, 직접 겪어 보고 판단하는 태도를 기르는 게 좋겠지요?

비슷한 외국 속담

푸딩 맛은 먹어 봐야 안다.
The proof of pudding is in the eating.

지나친 것은 모자란 것과 같다

이런 뜻이에요

비가 너무 많이 내리면 홍수가 나고, 욕심을 부려 과식하면 체해요. 즉, 지나치지도 모자라지도 않는 균형 잡힌 상태가 중요하다는 뜻이에요. 비슷한 속담으로 '물이 가득 차면 넘친다'가 있어요.

옛이야기에서 찾은 속담

〈젊어지는 샘물〉

옛날 한 나무꾼이 산에서 한참 나무를 하다 보니 목이 말랐어요. 나무꾼은 때마침 옹달샘 하나가 눈에 띄어 몇 모금 마시고 집으로 돌아갔지요. 그런데 아내가 나무꾼을 보더니 깜짝 놀라 물었어요.

"아니, 당신. 어떻게 그리 젊어졌어요?"

남편에게 자초지종을 들은 아내는 다음 날 아침 산으로 올라갔어요. 그런데 저녁이 되어도 돌아오지 않자, 결국 나무꾼은 아내를 찾아 산으로 갔지요. 그런데 아내는 온데간데없고 웬 여자아이 하나가 옹달샘 옆에서 울고 있었어요. 나무꾼이 황당한 얼굴로 사방을 두리번거리자 여자아이가 말했어요.

"여보, 내가 당신 아내예요. 젊어지는 샘물을 너무 많이 마셨나 봐요."

그러자 나무꾼이 말했어요.

"욕심이 지나치면 화를 불러오는 걸 몰랐소?"

나무꾼의 아내는 젊어지고 싶은 욕심에 눈이 멀어 어리석은 실수를 저지르고 말았네요. 이처럼 욕심이 과하면 오히려 큰 손해를 볼 수 있으니, 무엇이든 적당한 게 좋겠지요?

비슷한 명언

공손도 너무 지나치면 예의가 아니다. - 공자 (고대 중국의 사상가)

우물에 가서 숭늉 찾는다

이런 뜻이에요

일의 순서도 모르고 급하게 덤빈다는 뜻으로, 아무리 급해도 순서를 지켜 차근차근 해야 한다는 말이에요. '급하다고 바늘허리에 실 매어 쓰랴', '겨울이 지나지 않고 봄이 오랴', '급히 먹는 밥은 체한다', '첫술에 배부르랴'도 비슷한 뜻을 가진 속담이에요.

우물과 관련 있는 속담

수도 시설이 없던 옛날에는 땅을 깊게 파고 물이 괴게 하여 '우물'을 만들었어요. 땅을 깊게 판다고 해서 아무 데서나 물이 나오는 건 아니고, 땅속에 물길이 있어야 해요. 또 깊은 우물을 만들기 위해서는 마을 전체가 힘을 합해야 했지요.

선조들은 공동으로 사용하는 우물물을 귀하게 여겼어요. 우물가에서 정화수를 떠 놓고 집안의 복을 빌기도 했지요. 그래서 예로부터 '우물'에 관련된 속담들이 많아요.

'우물 들고 마시겠다'는 성미가 몹시 급한 사람을 비꼬는 말이에요. '목마른 사람이 우물 판다'는 어떤 일이든 결국 필요한 사람이 발 벗고 먼저 나선다는 뜻이지요. 또 '이 우물에 똥을 누어도 결국 그 우물을 먹는다'는 두 번 다시 안 볼 것처럼 돌아섰다가 급할 때면 다시 찾아와 사정한다는 뜻이에요.

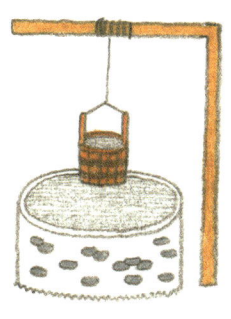

책 속의 명언

현명하게 천천히 하라. 빨리 달리는 자들은 넘어진다.
Wisely, and slow. They stumble that run fast. -《로미오와 줄리엣》

뱁새가 황새 따라가면 가랑이가 찢어진다

이런 뜻이에요

뱁새는 날개가 5센티미터 정도로 몸집이 아주 작은 새예요. 반면 황새는 몸의 길이가 102센티미터나 되는 큰 새지요. 다리가 짧은 뱁새가 다리가 긴 황새를 따라가려면 힘들겠지요? 이처럼 자기 형편이나 주제에 맞지 않게 남을 따라 하면 도리어 해를 입는다는 뜻이에요.

명작에서 찾은 속담

〈목걸이〉

마틸다는 가난한 하급 공무원의 아내였어요. 크리스마스가 되자 남편이 지체 높은 장관의 파티 초대장을 가져왔지요. 마틸다는 파티에 가기 위해 적금을 깨서 드레스를 마련하고, 친구에게 값비싼 목걸이를 빌렸어요. 그렇게 화려하게 치장한 마틸다는 파티의 주인공이 되어 황홀한 시간을 보냈지요. 그런데 집으로 돌아와 거울을 본 순간, 목걸이가 사라진 걸 알게 되었어요. 마틸다는 할 수 없이 큰 빚을 내어 똑같은 모양의 목걸이를 사서 친구에게 돌려주었어요. 그 뒤로 마틸다는 온갖 잡일을 하여 10년 만에 빚을 모두 갚았지요. 하지만 그사이 아름다웠던 마틸다는 초라한 중년 부인이 되었어요.

어느 날, 마틸다는 우연히 목걸이를 빌렸던 친구를 만나게 되고 그동안 있었던 일을 모두 털어놓았어요. 그러자 친구가 안타까운 표정으로 말했어요.

"아, 불쌍한 마틸다. 사실 그 목걸이는 값싼 모조품이었어……."

마틸다는 단 하룻밤 허영심을 부린 대가로 무려 10년 넘게 갖은 고생을 했어요. 이처럼 자신의 분수에 맞지 않는 욕심은 불행한 결과를 가져온답니다.

비슷한 외국 속담

옷감에 맞춰 코트를 잘라라. Cut your coat according to your cloth.

꿩 먹고 알 먹기

꿩을 잡았는데 배 속에 알까지 들어 있다면 참 좋겠지요? 이처럼 한 가지 일을 하고 두 가지 이익을 볼 때 쓰는 말이에요. '도랑 치고 가재 잡는다', '마당 쓸고 돈 줍는다'도 비슷한 뜻의 속담이에요.

일전쌍조 (一: 한 일, 箭: 화살 전, 雙: 쌍 쌍, 雕: 수리 조)

중국 남북조 시대에 장손성이라는 사람이 있었는데, 총명하고 활 솜씨가 매우 뛰어났어요. 장손성이 사신으로 돌궐에 갔을 때의 일이에요. 장손성의 명성을 익히 알고 있던 돌궐 왕이 활 솜씨를 보여 달라고 요청했지요.

"그대의 궁술이 매우 뛰어나다고 들었소. 어디 그 솜씨 좀 볼 수 있겠소?"

곧이어 두 사람은 들판을 가로지르며 사냥을 시작했어요. 그런데 갑자기 수리 두 마리가 나타나 먹잇감을 서로 차지하려고 한바탕 싸움을 벌였어요. 그러자 장손성은 조금도 망설이지 않고 화살 한 대를 뽑아 날렸어요. 일직선으로 날아간 화살은 수리 두 마리를 동시에 꿰뚫어 떨어뜨렸지요. 이를 본 돌궐 사람들은 장손성의 놀라운 실력에 입이 떡 벌어졌어요.

이 일화에서 화살 한 대로 두 마리 새를 맞춘다는 뜻의 고사성어 '일전쌍조(一箭雙雕)'가 생겨났답니다. 한 번에 두 가지 수확을 얻을 때를 비유하는 말로 널리 쓰이고 있어요.

콩알 한 개로 두 마리의 비둘기를 잡는다.
To catch two pigeons with one bean.

하늘이 무너져도 솟아날 구멍이 있다

아무리 어려운 상황이라도 헤쳐 나갈 방법이 있으니 희망을 가지고 노력해야 한다는 뜻이에요. 비슷한 속담으로 '세 끼를 굶으면 쌀 가지고 오는 사람이 있다', '호랑이에게 물려 가도 정신만 차리면 산다'가 있어요.

<우유 통에 빠진 개구리 삼 형제>

개구리 삼 형제가 커다란 우유 통에 빠졌는데, 통이 어찌나 큰지 아무리 뛰어도 도저히 빠져나갈 수 없었어요. 첫째는 겁을 먹고 울다가 축 늘어져 버렸지요. 둘째는 살려달라며 소리만 질렀고요. 결국 첫째는 둥둥 떠다니다가 햇볕에 말라 죽고, 둘째는 우유를 너무 많이 먹어 질식해 죽고 말았어요.

반면, 셋째 개구리는 무서움을 꾹 참고 부지런히 발을 움직였어요. 분명히 살 방법이 있을 거라고 믿고 우유 통을 여기저기 살폈지요. 그렇게 한참을 헤엄치던 셋째의 발끝에 무언가 딱딱한 덩어리가 걸렸어요. 셋째는 뒷다리로 덩어리를 힘차게 딛으며 뛰어올라 마침내 밖으로 나갈 수 있었지요. 셋째 개구리가 딛고 올라선 것은 바로 버터였어요. 쉬지 않고 부지런히 헤엄친 덕분에 우유가 굳어 버터가 된 거예요!

누구나 위급한 상황에 놓이면 당황하고 절망하게 되지요. 하지만 정신을 똑똑히 차리고 집중하면 분명 해결책을 찾을 수 있답니다.

하늘은 스스로 돕는 자를 돕는다.
Heaven helps those who help themselves.

하늘은 스스로 부단히 노력하는 사람을 성공하게 만들어 준다는 뜻이에요.

꿩 대신 닭

적당한 물건이 없을 때 그보다는 못하지만, 그와 비슷한 것으로 대신한다는 뜻이에요. 비슷한 속담으로 '아랫돌 빼서 윗돌 괸다'가 있어요.

꿩고기 떡국
설날에 떡국을 끓여 먹는 것은 우리나라의 중요한 전통문화예요. 요즘은 소고기를 넣고 끓인 떡국을 많이 먹지만, 예전에는 반드시 꿩고기를 넣어서 끓였어요. 꿩고기가 맛이 좋기도 하지만, 꿩을 복되고 좋은 일이 생기는 행운의 새로 여겼기 때문이에요. 그래서 농기계의 꼭대기에 꿩의 깃털을 꽂아 복이 깃들길 빌었어요. 또 꿩을 천신(하늘 신)의 사자로 생각해 '하늘 닭'이라고 부르기도 했지요.

그러나 꿩은 야생 동물이라 구하기가 쉽지 않았어요. 그래서 양반이나 돈이 많은 부자들 정도만 꿩고기를 구해 먹었고, 가난한 사람들은 떡국에 꿩고기 대신 닭고기를 넣어 먹었다고 해요. 실제로 1820년에 조선 시대의 실학자 정약용이 엮은 속담집 《이담속찬(耳談續纂)》을 보면 '꿩을 잡지 못하니 닭으로 그 수를 채우다.'라는 내용이 실려 있어요. 그 뒤로 쓰려는 물건이 없을 때 그보다 못하지만 나름 비슷한 것을 대신하는 경우를 빗대어 '꿩 대신 닭'이라고 말하게 되었답니다.

말을 탈 수 없으면 소를 타라.
If you can't get a horse, ride a cow.

구더기 무서워 장 못 담글까

구더기는 파리의 애벌레로 더러운 곳에서 서식해요. 구더기가 생기는 게 싫어서 장 항아리를 몽땅 깨뜨리거나 아예 장을 담지 않는다면 음식을 만들 수 없겠지요? 즉, 어려운 일이 있더라도 필요한 말이나 행동은 꼭 해야 한다는 뜻이에요. '말은 해야 맛이고, 고기는 씹어야 맛이다.'도 비슷한 의미지요.

〈두꺼비 신랑〉

옛날에 한 늙은 부부가 두꺼비를 아들 삼아 키웠어요. 하루는 두꺼비가 사또의 딸한테 장가를 가겠다고 했어요. 두꺼비가 인간과 혼인하겠다니, 할멈은 기가 막혔지만 두꺼비가 간절히 조르는 통에 어쩔 수 없이 사또를 찾아갔지요. 그러나 차마 말을 꺼내지 못하고 삿자리 귀퉁이만 쥐어뜯고 있는데, 사또가 물었어요.

"말은 해야 맛이고 고기는 씹어야 맛이라는데, 어서 얘기해 보라."

할멈이 그제야 사정을 털어놓자, 사또는 세 딸을 불러 의견을 물었지요. 그러자 셋째 딸이 두꺼비와 혼인하겠다고 나섰고 이윽고 혼삿날이 되었어요. 그런데 갑자기 두꺼비가 허물을 벗더니 훤칠한 새신랑으로 변하지 뭐예요? 셋째 딸은 두꺼비 신랑과 혼인하여 행복하게 살았답니다.

꿀을 얻으려면 벌에 쏘일 것을 각오해야 한다. – J.주베르 (프랑스 작가)

꿀 먹은 벙어리

마음속에 품은 생각을 잘 표현하지 못하는 사람을 말해요.

돌다리도 두들겨 보고 건너라

잘 아는 일이라도 실수하지 않게 꼼꼼히 확인하라는 뜻이에요. 비슷한 속담으로 '광주리에 담은 밥도 엎어질 수 있다', '아는 길도 물어서 가라'가 있어요.

<엎어진 쌀밥>

한 농부가 논에서 벼를 베고 있는데, 동네 영감이 지나가며 말했어요.
"아이고, 고생이 많네. 그래도 곧 쌀밥을 먹겠구먼."
하지만 농부는 "두고 봐야 알지요." 하고 시큰둥하게 대꾸했어요.
며칠 뒤 농부가 벼를 찧고 있는데, 이번에도 영감이 지나가며 "이제 쌀밥을 먹겠구먼." 하고 말했어요. 하지만 농부는 여전히 두고 봐야 안다며 고개를 저었지요. 며칠 후 농부가 쌀로 밥을 지어 막 먹으려던 그때, 또다시 영감이 나타나 "이제 진짜로 쌀밥을 먹는구먼." 했어요. 그러나 농부는 계속 두고 봐야 안다고 대답했지요. 영감은 농부가 너무 얄미워 밥그릇을 홱 엎었어요.
"숟가락까지 들었으면서 왜 자꾸 두고 봐야 안다는 건가? 지금 날 놀리나?"
그러자 농부가 "영감께서 밥그릇을 엎어 쌀밥을 못 먹게 됐네요. 그래서 모든 일은 두고 봐야 안다고 한 겁니다."라고 말했어요.
위 이야기에서 알 수 있듯이, 확실하다고 마음을 놓는 순간 예상치 못한 일이 벌어지기도 해요. 그러니 어떤 일을 할 때 틀림없다고 자만하지 말고 여러 번 꼼꼼히 살피는 습관을 기르는 게 좋겠지요?

유비무환 (有: 있을 유, 備: 갖출 비, 無: 없을 무, 患: 근심 환)
평소에 잘 준비해 놓으면 나중에 근심할 일이 없다는 뜻이에요.

백지장도 맞들면 낫다

이런 뜻이에요

얇은 종이 한 장도 같이 들면 더 가볍다는 뜻으로, 아무리 쉬운 일이라도 함께하면 훨씬 쉽고 더 즐겁다는 의미예요. '개미 천 마리가 모이면 맷돌도 든다', '종이도 네 귀를 들어야 바르다'도 비슷한 뜻의 속담이에요.

역사에서 찾은 속담

벤자민 프랭클린 일화

미국의 정치가 벤자민 프랭클린은 1776년 7월 4일 아메리카합중국의 독립을 전 세계에 알린 독립 선언문에 서명하면서 다음과 같은 말을 남겼어요.

"함께하지 않으면 죽는다(Join or die)."

당시 미국 시민들은 미국 독립 전쟁을 겪은 후 이기적으로 바뀌고 불평불만을 쏟아내기 바빴어요. 그래서 프랭클린은 사람들에게 협력을 부르짖으며 어려운 상황을 함께 헤쳐 나가자고 말했던 거예요.

우리나라의 독립 운동가 안중근 의사도 1910년 3월, 중국 뤼순 감옥에서 쓴 <동양평화론> 서문에 '뭉치면 살고 흩어지면 패한다.'라고 썼어요. 일제에 나라를 빼앗기기 직전이었던 우리나라 역시 협동과 단결이 그 무엇보다 중요했지요.

이처럼 '백지장도 맞들면 낫다'라는 마음으로 서로 힘을 모은다면 아무리 어려운 위기도 극복할 수 있을 거예요.

비슷한 고사성어

십시일반 (十: 열 십, 匙: 숟가락 시, 一: 한 일, 飯: 밥 반)

밥 열 술이 한 그릇이 된다는 뜻으로, 여러 사람이 힘을 합하면 한 사람을 돕기 쉽다는 의미예요.

숨은 속담 찾기
④ 푸드 코트

맛있는 먹거리가 가득한 푸드 코트에서 사람들이 즐겁게 식사하고 있네요. 그림 속에 숨은 속담을 찾아보세요!

1. 길고 짧은 것은 대어 보아야 안다
2. 지나친 것은 모자란 것과 같다
3. 우물에 가서 숭늉 찾는다
4. 뱁새가 황새 따라가면 가랑이가 찢어진다
5. 꿩 먹고 알 먹기
6. 하늘이 무너져도 솟아날 구멍이 있다
7. 꿩 대신 닭
8. 구더기 무서워 장 못 담글까
9. 돌다리도 두들겨 보고 건너라
10. 백지장도 맞들면 낫다

• 정답은 155쪽에 있어요.

5장

세상의 이치

모르는 게 약이요 아는 게 병이다

이런 뜻이에요

모르면 차라리 마음이 편할 텐데, 어떤 사실을 알게 되어 걱정스럽고 괴로운 상황을 비유하는 말이에요. '모르는 것이 가장 좋은 팔자다', '모르는 것이 부처'도 비슷한 뜻을 가진 속담이에요.

역사에서 찾은 속담

원효 일화

신라의 승려 원효가 젊은 시절에 당나라로 유학을 떠났을 때 일이에요. 가는 길에 날이 저물어서 한 동굴에서 쉬어 가기로 했지요. 원효는 한밤중에 목이 말라 여기저기 뒤적 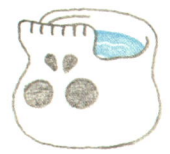 이다가 물이 담긴 바가지를 발견했어요. 시원하게 목을 축인 원효는 이내 단잠에 빠졌지요.

그런데 다음 날 일어나 보니 원효가 마신 물은 다름아닌 해골에 담긴 썩은 물이었어요. 원효는 너무 메스꺼워 구토를 하고 말았지요. 몰랐다면 좋았을 것을, 아는 게 병이었던 거예요.

그 순간, 원효는 큰 깨달음을 얻었어요. '진리는 밖에서 찾을 것이 아니라 자신의 마음에서 찾아야 한다. 마음가짐에 따라 세상만사가 달라진다.'는 것이었지요. 원효는 곧바로 유학을 포기하고 신라로 돌아가 많은 사람들에게 부처님의 뜻을 널리 전파했어요. 그리고 훗날 불교뿐 아니라 유교, 도교, 법가 사상에도 해박한 고승이 되었답니다.

반대 명언

아는 것이 힘이다. – 프랜시스 베이컨 (영국의 철학자)

베이컨은 관찰과 경험을 통해 자연과 사회에 대한 많은 지식을 쌓으면 모든 일에서 큰 성과를 낼 수 있다고 주장했어요.

까마귀 날자 배 떨어진다

이런 뜻이에요

아무 관계없이 한 일이 동시에 일어나 마치 밀접한 관련이 있는 것처럼 의심받는 상황을 뜻해요. '오얏나무(자두나무) 아래에서 갓을 고쳐 쓰지 마라'도 비슷한 상황에서 사용하는 속담이에요.

속담의 유래

석대암 창건 설화

배나무 가지에 앉아 있던 까마귀가 날아오르자 배 하나가 툭 떨어졌어요. 그런데 때마침 배나무 밑에 있던 독사가 그 배에 맞아 죽고 말았지요. 그 뒤 독사는 멧돼지로, 까마귀는 까투리(암꿩)로 태어났어요. 어느 날 멧돼지가 뛰어가다가 돌을 찼는데, 그 돌에 까투리가 맞아 죽었어요. 그때 지

나가던 사냥꾼이 죽은 까투리를 가져다가 삶아 먹었지요. 얼마 뒤 사냥꾼의 아내가 아들을 낳았는데, 바로 죽은 까투리가 환생한 것이었어요. 아들은 자라 사냥꾼이 되었고, 멧돼지를 발견하고는 화살 세 대를 날렸지요. 아들은 어깨에 화살을 맞은 멧돼지를 곧장 뒤쫓았는데, 멧돼지는 온데간데없고 지장보살상 어깨 위에 화살 세 대가 꽂혀 있지 뭐예요? 지장보살이 까마귀와 뱀의 악연을 끊기 위해 멧돼지로 변신한 것이었지요. 사냥꾼의 아들은 지장보살의 뜻을 기려 배나무가 있던 자리에 '석대암'이라는 절을 지었답니다. 이 속담은 처음에는 오해에서 비롯된 악연을 끝낸다는 뜻으로 생겨났지만, 지금은 '우연히 일어난 일'이란 의미로 더 많이 쓰여요.

비슷한 외국 속담

소금 팔러 가니 이슬비 온다. When I go to sell salt, it is drizzling.

작은 고추가 맵다

몸집이 작거나 어려도 재주가 뛰어나고 야무진 사람을 비유적으로 일컫는 말이에요. 그러니 겉모습이 하찮다고 상대방을 얕잡아 보아선 안 되겠지요?

<어린 감사와 고깔>

옛날 평양에 열다섯 살짜리 어린 감사가 있었는데, 정사는 돌보지 않고 맨날 놀러 다니기 바빴어요. 철없는 감사를 지켜보던 좌수는 지나가던 중을 붙들고 이렇게 말했지요.

"내가 새 고깔 하나를 얻게 해 줄 테니 내 말대로만 하여라."

좌수는 중의 고깔을 벗겨 제가 가졌고, 중은 좌수의 말대로 감사에게 가 돌개바람에 날아간 고깔을 찾아 달라고 했어요. 그러자 감사는 대동강의 올라가는 뱃사공과 내려가는 뱃사공을 잡아와 호통을 쳤지요.

"올라가는 놈은 바람을 올리 불라 했고, 내려가는 놈은 바람을 내리 불라 했으렷다. 그래서 올리 바람과 내리 바람이 맞부딪쳐 돌개바람이 일어났고, 중의 고깔이 날아갔다. 하여 너희들이 고깔 값을 물어야 하느니라."

두 뱃사공은 어이가 없었으나 감사의 명대로 고깔 값을 물어 주었어요. 이어 감사는 고깔이 다시는 날아가지 않도록 중의 머리에 못으로 박으라고 불호령을 내렸어요. 그 말에 겁먹은 중이 모든 일을 털어놓았고, 좌수도 곧장 달려와 용서를 구했지요. 그 뒤로 아무도 어린 감사를 얕보지 않았어요.

사람의 능력과 외양은 아무 상관이 없어요. 따라서 어떤 경우든 외모로 다른 사람을 섣불리 판단하지 않기로 해요.

내 코가 석 자

이런 뜻이에요

내 일도 급하고 막막한 처지라 남의 고통과 슬픔을 돌아볼 겨를이 없다는 뜻이에요. 비슷한 속담으로 '발등에 불이 떨어지다'가 있어요. '광에서 인심 난다'도 비슷한 뜻인데, 내가 넉넉해야 남도 돌볼 수 있다는 말이에요.

속담의 유래

이 속담은 신라 시대부터 전해 오는 설화에서 유래되었어요. 원래는 코가 커졌다는 이야기였지만, 입에서 입으로 전해 오면서 '코'가 아닌 '콧물'로 바뀌었을 거라고 추측해요.

조선 후기의 학자 홍만종은 자신의 책 《순오지(旬五志)》에 당시 널리 알려진 속담 130개를 한자로 번역해 기록했어요. '내 코가 석 자'는 '오비체수삼척(吾鼻涕水三尺)'으로 번역되어 있지요. 여기서 '삼척'은 늘어진 콧물의 길이가 석 자나 된다는 뜻이에요. 한 자는 약 30.3센티미터에 해당하므로 '석 자'는 약 90센티미터가 조금 넘는 길이지요. 90센티미터나 줄줄 흘러내리는 콧물도 닦을 여력이 없을 만큼 힘든 상황이라면, 아무래도 남의 처지를 돌아보기 어려울 거예요.

비슷한 외국 관용어

내게는 튀겨야 할 더 큰 물고기가 있다. I have got bigger fish to fry.

튀겨야 할 더 큰 물고기가 눈앞에 있어서 작은 물고기는 신경 쓸 여력이 없다는 뜻이에요.

진퇴양난 (進: 나아갈 진, 退: 물러날 퇴, 兩: 두 량, 難: 어려울 난)

나아갈 수도, 물러날 수도 없는 어렵고 급박한 처지를 뜻해요.

사공이 많으면 배가 산으로 간다

 **이런 뜻이에요**

사공이 많아 서로 이리 가자, 저리 가자 우기면 배는 어떻게 될까요? 즉, 간섭하는 사람이 많으면 일이 잘 안 된다는 뜻이에요. 비슷한 속담으로 '목수가 많으면 집을 무너뜨린다'가 있어요.

 **이솝 우화에서 찾은 속담**

<팔려 가는 당나귀>

아버지와 아들이 당나귀를 팔러 길을 나섰는데, 사람들이 수군거렸어요.

"왜 당나귀를 타지 않고 끌고 걸어가지?"

아버지는 그 말이 옳은 것 같아 얼른 당나귀에 올라탔어요.

그렇게 한참 길을 가는데 어떤 사람이 "어린 아들은 힘들게 걸어가네. 아이고, 불쌍해라." 하고 말했어요. 아버지는 아차 싶어 아들을 당나귀에 태우고 출발했지요. 그런데 또 다른 사람들이 혀를 끌끌 찼어요.

"늙은 아버지는 걸어가고 어린 아들은 편하게 당나귀를 타다니. 쯧쯧."

결국 아버지와 아들은 함께 당나귀에 올라탔지만, 이번에도 사람들이 고개를 절레절레 저었어요.

"세상에, 당나귀 하나에 둘이나 타다니! 당나귀가 너무 가여워."

아버지와 아들은 할 수 없이 당나귀를 어깨에 메고 걸어갔답니다.

위 이야기의 아버지처럼 남의 말대로만 하다간 우스운 꼴이 될 수 있어요. 무슨 일이든 스스로 판단하고 행동하는 사람이 되어야겠지요?

 **비슷한 외국 속담**

요리사가 많으면 스프를 망친다. Too many cooks spoil the broth.

호랑이 없는 골에 토끼가 왕 노릇 한다

 한없이 약한 존재인 토끼가 숲의 왕이라니, 정말 어이없지요? 이처럼 힘세고 뛰어난 사람이 없을 때 보잘것없는 사람이 권력을 가지는 경우를 가리키는 말이에요. 비슷한 속담으로 '범 없는 골에서는 토끼가 스승이다'가 있어요.

 **〈사자 가죽을 쓴 당나귀〉**

당나귀는 숲속 동물들에게 늘 구박을 받았어요. 당나귀의 겉모습을 보고 말도 아니고, 소도 아니라며 업신여겼던 거지요. 그러던 어느 날 당나귀는 우연히 사자 가죽을 발견했어요.

'그래, 이 사자 가죽을 쓰면 숲속 동물들이 더는 나를 무시하지 않겠지?'

그날 이후, 당나귀는 사자 가죽을 쓰고 숲속을 돌아다녔어요. 예상대로 숲속 동물들이 벌벌 떨며 머리를 조아렸지요. 이 모습을 본 당나귀는 으쓱해져서 자기도 모르게 "히히히힝." 하고 소리 내 울었어요. 그러자 숲속 동물들이 당나귀의 존재를 눈치채고 큰 소리로 외쳤어요.

"당나귀가 사자 가죽을 썼다!"

그러고는 사자 가죽을 벗긴 뒤 당나귀를 흠씬 두들겨 팼지요. 사자 가죽만 믿고 왕 노릇을 하던 당나귀는 멀리 도망쳐 다시는 숲으로 돌아오지 못했답니다.

 **고양이가 없으면 쥐들이 판친다.**

When the cat's away, the mice will play.

싼 게 비지떡

값싼 물건은 그만큼 품질이 나쁘다는 뜻이에요. 실제로 가격이 싼 물건은 유통 기한이 얼마 안 남았거나 질 낮은 재료로 만드는 경우가 많아요. 그래서 반대로, 값이 비싸면 물건이 좋다고 생각하는 거지요. 하지만 비싸다고 무조건 좋은 것은 아니니 물건이 적당한 가격인지 꼭 살펴보세요.

비지떡에 담긴 인심

옛날 충청도 박달재에 주막이 하나 있었는데, 과거를 보러 한양에 가는 선비들이 많이 묵었어요. 주모는 하룻밤 묵고 가는 선비들에게 늘 작은 보자기를 건넸지요. 선비가 뭐냐고 물으면 "싼 것은 비지떡입니다."라고 했어요. 비지떡은 두부를 만들고 남은 찌꺼기인 '비지'에 쌀가루를 넣어 빈대떡처럼 만든 음식이에요. 먼 길을 가는 나그네에게는 아주 귀한 요깃거리가 되었지요. 이처럼 원래는 길 떠나는 나그네에게 비지떡이라도 싸 준다는 뜻으로 후한 인심이 담긴 속담이었으나, '보자기에 싸다'라는 말이 '값이 싸다'는 뜻으로 바뀌었다고 해요. 먹거리가 귀한 시절 비지떡 하나라도 정성스레 싸 주던 따뜻한 마음이 세월이 흐르면서 보잘것없는 싸구려 떡으로 전락한 셈이지요. 주모의 진심을 몰라주는 세상인심이 각박하게 느껴지네요.

1전으로는 1전짜리 물건만 살 수 있다. [一分錢一分貨]

가격에 따라 품질이 다르며, 물건마다 제값이 있다는 뜻이에요. 즉, 물건이 싸거나 비싼 데에는 그만한 이유가 있겠지요?

짐승도 은혜를 안다

수학 시험이 끝난 뒤

짐승도 은혜를 베풀어 준 고마운 사람을 알아보니, 사람이라면 은혜를 잊지 말아야 한다는 뜻이에요. 비슷한 속담으로 '머리 검은 짐승은 남의 공을 모른다'가 있어요. 여기서 '머리 검은 짐승'은 '사람'을 의미해요. 도움만 받고 은혜는 갚지 않는 사람을 비꼴 때 이 속담을 쓰지요.

인불구 바위 전설

옛날 어느 마을에 큰 홍수가 졌어요. 그때 한 나무꾼이 바위에 앉아 물 구경을 하다가 강물에 떠내려오던 뱀과 노루와 젊은이를 구해 주었지요. 그 뒤 노루가 보물을 갖다 주어 나무꾼은 큰 부자가 되었어요. 나중에 이 사실을 안 젊은이는 샘이 나서 나무꾼이 보물을 훔쳤다며 관가에 고발했지요. 그 바람에 나무꾼은 억울하게 옥살이를 하게 되었어요. 그런데 다음 날, 사또가 독사에 물려 곧 죽게 생겼지 뭐예요. 그때 뱀 한 마리가 나무꾼이 갇힌 옥으로 스르르 들어오더니 콱 물고는 풀잎을 주고 사라졌어요. 나무꾼은 풀잎을 상처에 바르자 씻은 듯이 낫는 것을 보고, 사또에게 풀을 전해 병을 낫게 해 주었어요. 자초지종을 알게 된 사또는 젊은이에게 벌을 내리고, 나무꾼이 물 구경을 했던 바위에 사람을 구하지 말라는 뜻의 '인불구(人不救)'를 새겼다고 해요. 여러분도 누군가에게 도움을 받으면 뱀과 노루처럼 고마운 마음을 꼭 표현하길 바랄게요.

먹이 주는 사람의 손을 물지 마라. (은혜를 원수로 갚지 마라.)
Never bite the hand that feeds you.

콩 심은 데 콩 나고 팥 심은 데 팥 난다

모든 일은 원인에 따라 그 결과가 생긴다는 뜻이에요. 비슷한 속담으로 '뿌린 대로 거둔다', '아니 땐 굴뚝에 연기 날까'가 있어요. 좋은 씨를 뿌리고 정성껏 가꾸면 튼튼한 수확물을 얻을 수 있겠지요? 그러니 무슨 일이든 열심히 노력하면 그만큼 좋은 결과를 얻을 수 있을 거예요.

서동요 유래

훗날 백제의 제30대 임금 무왕이 되는 서동은, 어린 시절 마를 캐어 장에 내다 팔며 근근이 살았어요. 그러던 어느 날, 신라 진평왕의 셋째 딸 선화 공주가 예쁘다는 소문을 듣고 신라로 갔어요. 서동은 아이들에게 마를 나누어 주며 '선화 공주는 밤마다 몰래 나가서 서동을 만난대요'라는 노래를 가르쳐 주었어요. 철없는 아이들은 뜻도 모르고 이 노래를 불렀고, 곧 수도 서라벌에서 이 노래를 모르는 사람이 없게 되었어요.

소문을 들은 진평왕은 화가 나서 선화 공주를 궐 밖으로 쫓아냈지요. 그때 서동이 선화 공주 앞에 나타났고, 선화 공주는 서동을 따라 백제로 가게 되었어요. 서동은 후에 백제 무왕이 되었고, 선화 공주는 백제의 왕비가 되었답니다. '아니 땐 굴뚝에 연기 날까' 작전으로 선화 공주를 아내로 맞이한 서동의 재치가 인상적이네요.

양파에서는 장미가 나지 않는다.

An onion will not produce a rose.

자라 보고 놀란 가슴 솥뚜껑 보고 놀란다

어떤 일에 몹시 놀라거나 크게 당하면 그와 비슷한 일에도 깜짝 놀라고 겁을 먹는다는 뜻이에요. 자라는 거북과 비슷하게 생긴 민물에 사는 파충류예요. 단단하고 딱딱한 등껍데기가 마치 솥뚜껑처럼 보이지요. 뜨거운 솥뚜껑에 데었거나 다친 기억이 있다면 자라만 봐도 화들짝 놀라겠지요? 비슷한 속담으로 '더위 먹은 소는 달만 보아도 헐떡인다'가 있어요.

<호랑이와 밤송이>

옛날에 호랑이가 배가 고파서 먹이를 찾아 어슬렁거리고 있었어요. 그때 고소한 냄새가 나서 사방을 둘러보니 조그맣고 까만 무언가가 기어가는 게 아니겠어요? 호랑이는 앞뒤 잴 겨를도 없이 덥석 물었는데, 아이코! 뾰족뾰족 가시를 가진 고슴도치였어요. 호랑이는 고슴도치의 가시에 찔려 입안이 피투성이가 되었고, 너무 아파서 고슴도치를 칵 뱉었어요. 그러고는 밤나무 밑으로 가 입에서 흐르는 피를 핥았지요.

그런데 바로 그때, 밤송이 하나가 툭 떨어지면서 호랑이의 콧잔등을 때렸어요. 호랑이는 데구루루 굴러가는 밤송이를 보자마자 기겁해서 머리를 땅에 박고 벌벌 떨었어요.

"아이고, 아까는 잘못했습니다. 다시는 먹지 않겠습니다."

호랑이는 밤송이가 고슴도치인 줄 알고 손이 발이 되도록 빌었답니다.

끓는 물에 덴 고양이는 찬물도 두려워한다.
A scalded cat fears cold water.

숨은 속담 찾기
⑤ 재래시장

싸고 좋은 물건이 많고, 활기와 인정이 넘치는 재래시장으로 가 볼까요? 그림 속에 숨은 속담을 찾아보세요!

1. 모르는 게 약이요 아는 게 병이다
2. 까마귀 날자 배 떨어진다
3. 작은 고추가 맵다
4. 내 코가 석 자
5. 사공이 많으면 배가 산으로 간다
6. 호랑이 없는 골에 토끼가 왕 노릇 한다
7. 싼 게 비지떡
8. 짐승도 은혜를 안다
9. 콩 심은 데 콩 나고 팥 심은 데 팥 난다
10. 자라 보고 놀란 가슴 솥뚜껑 보고 놀란다

• 정답은 155쪽에 있어요.

소중한 가족과 친구

피는 물보다 진하다

 **이런 뜻이에요**

'혈육'은 함께 피를 나눈 사람으로, 혈육이 모인 집단이 '가족'이지요. 가족의 정은 그 어떤 관계보다 깊고, 그만큼 서로에게 매우 소중한 존재라는 뜻이에요. 비슷한 속담으로 '열 손가락 깨물어 안 아픈 손가락 없다'가 있어요.

 **옛이야기에서 찾은 속담**

<의좋은 형제>

옛날에 의좋은 형제가 있었어요. 형제는 가을 추수를 끝내고 볏단을 서로 똑같이 나누었지요. 그런데 밤이 되자 형은 몰래 볏단을 들고 가 동생의 낟가리(낟알이 붙은 곡식을 그대로 쌓은 더미) 위에 올렸어요.

'동생은 얼마 전 혼인해서 새살림을 차렸으니 나보다 더 필요할 거야.'

한편 동생도 볏단을 가져다가 형님의 낟가리에 쌓았지요.

'형님네는 식구가 많으니 나보다 더 필요할 거야.'

다음 날, 형제는 줄지도 늘지도 않은 낟가리를 보며 고개를 갸웃했어요. 이상한 생각이 들었지만 밤이 되자 또 서로의 낟가리에 부지런히 볏단을 올렸지요. 그러다가 마침내 논 한가운데서 두 사람이 딱 마주쳤어요. 형제는 그제야 볏단의 비밀을 알고는 얼싸안고 눈물을 흘렸지요.

이 이야기는 고려 말기 충남 예산군에 살았던 이성만, 이순 형제의 일화로 오늘날까지 전해지며 큰 감동을 주고 있어요.

 **비슷한 명언**

가족은 세상의 그 누구보다 소중하다.
Your family is more important than other people.

– 월터 스콧 (스코틀랜드의 작가)

미운 아이 떡 하나 더 준다

이런 뜻이에요

미운 사람일수록 더 정답게 대해 상대방에 대한 고까운 마음을 누그러뜨려야 한다는 뜻이에요. '미운 사람에게는 쫓아가 인사한다'도 같은 뜻이지요. 그리고 떡과 관련된 속담으로 '귀한 자식 매 한 대 더 때리고, 미운 자식 떡 한 개 더 준다'가 있어요. 이 속담은 아이의 버릇을 잘 들이려면 엄하게 키워야 하며, 마냥 잘해 주는 것은 오히려 해롭다는 의미랍니다.

〈고약한 시어머니와 인절미〉

옛날에 성미가 고약한 시어머니에게 온갖 구박을 받는 며느리가 있었어요. 견디다 못한 며느리는 용한 점쟁이를 찾아가 시어머니가 빨리 죽는 방법을 물었지요. 그러자 점쟁이는 백일 동안 시어머니가 좋아하는 음식을 해 주면 시어머니가 병에 걸려 죽을 거라고 알려 주었어요.

며느리는 그날부터 시어머니가 좋아하는 인절미를 날마다 만들어 드렸어요. 시어머니는 갑자기 변한 며느리가 이상했지만, 인절미를 맛있게 먹었지요. 두 달 뒤, 사납던 시어머니는 손주를 돌봐 주고 집안일도 거드는 자상한 분이 되어 있었어요. 며느리는 자신의 어리석은 행동을 뉘우치고, 다시 점쟁이를 찾아가 시어머니를 살려 달라고 애원했지요. 그러자 점쟁이가 말했어요.

"너의 못된 시어머니는 이미 죽지 않았나?"

미운 사람일수록 더 챙기고 잘해 주다 보면 상대방도 여러분의 진심을 깨닫고 바뀔 거예요. 그러면 서로에 대한 나쁜 감정은 금세 사라지겠지요?

친절함으로 적을 죽여라. Kill your enemy with kindness.

바늘 가는 데 실 간다

이런 뜻이에요

떨어지지 않고 꼭 붙어 다니며 서로를 따르는 가까운 사이를 뜻해요. 두 사물의 밀접한 관계를 가리킬 때도 사용할 수 있지요. '구름 갈 제 비가 간다', '범 가는 데 바람 간다'도 비슷한 속담이에요.

역사에서 찾은 속담

<오성과 한음>

조선 중기의 문신 오성(이항복)과 한음(이덕형)은 어릴 때부터 둘도 없는 친구였어요. 하루는 오성이네 마당에 있는 감나무의 감을 따려는데, 옆집 하인이 담을 넘어온 감은 자기네 것이니 딸 수 없다고 우겼어요. 그러자 오성이 옆집 울타리 속으로 팔을 쑥 집어넣고 "이 팔은 뉘 것이냐?" 하고 물었어요. 하인은 기가 막힌다는 얼굴로 "당연히 도련님 팔이지요." 했어요. 오성은 "그러면 저 감도 우리 것이다."라고 말하고는 감을 땄답니다.

오성과 한음은 다섯 살의 나이 차가 났지만 '바늘 가는 데 실 가듯' 언제나 꼭 붙어 다녔어요. 둘 다 영리하고 기지가 뛰어나 위와 같은 수많은 일화를 남겼지요. 두 사람은 어른이 되어서도 함께 학문을 논하며 가까이 지냈고, 임진왜란 때도 왜군을 물리치는 데 큰 역할을 했답니다.

여러분도 오성과 한음처럼 가깝게 지내는 친구가 있나요? 기쁨은 함께 나누고, 힘들 때 서로 의지할 수 있는 친구가 있다면 정말 든든할 거예요.

바늘과 관련된 속담

바늘로 찔러도 피 한 방울 안 난다

너무 야박하거나 융통성이 없는 사람을 가리킬 때 쓰는 말이에요.

열 길 물속은 알아도 한 길 사람 속은 모른다

이런 뜻이에요

물은 아무리 깊어도 깊이를 잴 수 있지만, 사람의 속마음은 알기 어렵다는 뜻이에요. 상대방이 솔직히 말하지 않으면 어떤 생각을 하고 있는지 전혀 알 길이 없지요. 비슷한 속담으로 '물은 건너 보아야 알고, 사람은 지내 보아야 안다'가 있어요.

옛이야기에서 찾은 속담

〈셋째 며느리의 선물〉

옛날 한 영감이 세 며느리에게 3년 후 자신의 환갑 때 무엇을 해 줄 거냐고 물었어요. 큰며느리는 소를, 둘째 며느리는 돼지를 잡아 주겠다고 했지요. 하지만 셋째 며느리는 그때 가 봐야 알 수 있다고만 했어요. 영감은 그런 셋째 며느리가 괘씸했지요. 그런데 다음 날부터 셋째 며느리는 달걀을 사서 병아리를 까고, 그 병아리를 닭으로 키워 냈어요. 또 닭이 낳은 달걀들을 모아 병아리를 까고, 병아리들을 닭으로 키워 돼지 새끼를 사고, 돼지를 키워 송아지를 사고, 송아지를 키워 소를 만들었어요. 그러는 동안 큰며느리와 둘째 며느리는 아무것도 하지 않았지요.

3년 후, 영감의 환갑날이 되자 셋째 며느리는 소를 잡아 잔치를 열어 주었어요. 그제야 영감은 셋째 며느리의 깊은 뜻을 알게 되었지요.

'열 길 물속은 알아도 한 길 사람 속은 모르는 법이구나.'

비슷한 격언

**범의 모양은 그릴 수 있으나 뼈는 그리기 어렵고,
사람의 얼굴은 알지만 마음은 알지 못한다.** - 《명심보감》

뛰는 놈 위에 나는 놈 있다

 아무리 재주가 뛰어나도 그보다 나은 사람이 있는 법이니 너무 뽐내거나 자만하지 말라는 뜻이에요. '범 잡아먹는 담비가 있다'도 비슷한 뜻의 속담이에요. 숲속의 왕인 호랑이가 족제빗과에 속하는 몸집이 작은 담비에게 잡아먹힐 수 있으니, 잘난 척하지 말고 겸손하라는 의미랍니다.

<뛰는 왕 위에 나는 개미>

솔로몬 왕이 하느님에게 선물받은 비단 융단을 타고 하늘을 날고 있었어요. 그때 여왕개미가 "솔로몬이 나타났다. 모두 숨어."라고 외치는 소리가 들렸어요. 솔로몬은 곧장 여왕개미에게 내려가 개미들에게 숨으라고 한 이유를 물었어요. 이에 여왕개미가 대답했어요.

"당신은 자신이 세상에서 가장 위대하다고 생각하지요. 하지만 그건 아주 위험하고 무서운 생각이에요."

그러자 솔로몬은 자신이 얼마나 위대한지 보여 주겠다며 여왕개미를 융단에 태우고 높이 날아올랐어요. 그러자 여왕개미가 으스대는 솔로몬의 머리 위를 윙윙 날며 말했어요.

"보세요. 내가 당신보다 더 높이 날고 있잖아요."

자신의 힘을 과시하던 솔로몬 왕은 여왕개미의 말에 가슴이 뜨끔했을 거예요. 세상에는 뛰어난 사람이 참 많아요. 그러니 늘 겸손한 태도를 지녀야겠지요?

파란색이 있을 수 있지만, 더 파란색도 있을 수 있다.
There may be blue and better blue.

종로에서 뺨 맞고 한강 가서 눈 흘긴다

이런 뜻이에요

억울한 일을 당한 곳에서는 아무 말 못하다가 뒤에 가서 불평하거나 엉뚱한 사람한테 화풀이한다는 뜻이에요. 비슷한 속담으로 '남에게 매 맞고 개 옆구리 찬다', '서울서 매 맞고 송도에서 주먹질한다'가 있어요.

속담의 유래

육의전과 난전

조선 시대 종로에는 육의전이라는 시장이 있었어요. 나라의 허가를 받은 공식적인 상점으로 비단, 명주, 종이, 어물 등을 판매했지요. 육의전 상인들은 물건을 독점하면서 손님들에게 대단한 위세를 부렸어요. 반면 한강의 마포나 노량진, 서강 같은 나루터에는 비공식적인 시장, 즉 난전이 있었어요. 난전은 불법이었지만 백성들의 편의를 위해 조정에서도 적당히 눈감아 주곤 했지요. 이 속담은 위세 높은 종로 육의전에서 흥정을 벌이다가 물건을 사지 못하고 봉변을 당한 사람이 한강 나루터에 있는 난전에 와서 괜히 화풀이하는 경우를 빗대어 생겨났다고 해요.

또 육의전과 난전의 역사에서 유래된 '난전 치듯 한다'는 속담도 있어요. 당시 나라에서는 가끔 난전을 심하게 단속하며 닥치는 대로 물건을 압수하기도 했어요. 난전에서 법을 어기면서까지 몰래 물건을 사고파는 일이 잦아지자 이를 막고, 육의전 상점을 보호하기 위한 명목이었지요. 이 속담은 일을 급하게 몰아쳐서 당하는 사람이 정신을 못 차린다는 뜻이랍니다.

비슷한 외국 속담

잘못된 나무에 대고 짖다. You're barking up the wrong tree.

안되는 사람은 뒤로 자빠져도 코가 깨진다

 운이 나쁜 사람은 좋은 기회를 만나도 일이 잘 안 풀린다는 뜻이에요. 비슷한 속담으로 '복 없는 정승은 계란에도 뼈가 있다', '소금 팔러 가니 이슬비 온다', '도둑을 맞으려면 개도 안 짖는다'가 있어요.

황희 일화

조선 시대 세종 때 명재상으로 명성이 자자했던 황희는 성품이 맑고 욕심이 없었어요. 그러다 보니 너무 가난해서 끼니를 걱정할 정도였지요. 평소 이를 측은히 여겼던 세종은 어느 날, 다음과 같이 명령했어요.

"오늘 하루 새벽 성문을 열고부터 저녁 성문을 닫을 때까지 성문을 드나드는 모든 물건을 국비로 사들여라. 그런 다음 모두 황희에게 갖다 주라."

그런데 하필 그날따라 온종일 비바람이 몰아쳐서 성문을 드나드는 사람이 한 명도 없었어요. 그러다가 저녁 무렵이 되어서야 겨우 한 사람이 달걀 한 꾸러미를 가지고 지나갔지요. 그런데 황희는 그 달걀을 한 알도 먹지 못했어요. 달걀을 삶고 보니 그마저도 모두 곯아서 먹을 수가 없었지요.

이때 '계란에도 뼈가 있다'는 뜻의 고사성어 '계란유골(鷄卵有骨)'이 생겼어요. 여기서 '골(骨)'은 원래 '곯다'의 '곯'인데 마땅한 한자가 없어서 '骨(뼈 골)'로 적었다고 해요.

 **재수가 좋은 사람에게는 수탉도 알을 낳아 준다.**
For him who is lucky even the cock lays eggs.

쥐가 고양이를 불쌍히 여긴다

불행한 처지에 있는 사람이 행복한 사람을 주제넘게 동정하거나 엉뚱한 일을 걱정하는 경우를 가리켜요.

<감투 쓴 고양이>

옛날에 쥐를 전혀 잡지 못해 주인에게 늘 구박받는 고양이가 살았어요. 하루는 고양이가 주인의 감투를 쓰고 곳간으로 들어가자, 곳간의 쥐들이 쥐구멍에서 얼굴을 빼꼼 내밀고 조롱하듯이 물었어요.

"고양이님, 어째서 감투를 썼습니까?"

"우리 아버지가 세상을 떠나서 썼지."

고양이가 슬픈 목소리로 대답하자, 쥐들은 주인한테 맨날 구박받는 데다 아버지까지 잃은 고양이가 불쌍해서 소리 내 울었어요. 그러자 고양이는 쥐들에게 밖으로 나와서 같이 조문해 달라고 부탁했지요. 쥐들은 아무 의심 없이 쥐구멍에서 나왔어요. 그 순간, 고양이는 쥐구멍을 재빨리 틀어막고 쥐들을 몽땅 잡아먹었답니다.

위 이야기에서 알 수 있듯이, 자신의 힘든 형편은 살피지 못하고 쓸데없이 힘 있는 사람을 걱정하다가는 도리어 큰 손해를 볼 수 있어요. 그러니 자신의 처지에 맞지 않는 간섭이나 조언은 하지 않는 게 좋겠지요?

걸인연천 (乞: 구걸할 걸, 人: 사람 인, 憐: 불쌍히 여길 연, 天: 하늘 천)

거지가 하늘을 불쌍히 여긴다는 뜻으로, 부질없는 걱정을 한다는 말이에요.

고래 싸움에 새우 등 터진다

이런 뜻이에요

강한 자들끼리 싸우는 통에 아무 상관도 없는 약한 자가 중간에서 피해를 입게 된다는 뜻이에요. 비슷한 속담으로 '독 틈에 탕관'이 있어요. 여기서 '탕관'은 국을 끓이거나 약을 달이는 작은 그릇이에요. 커다란 독(항아리) 사이에 놓인 작은 약탕관은 옴짝달싹하기 어렵겠지요?

역사에서 찾은 속담

문공 일화

중국 춘추전국시대, 초나라와 제나라 사이에 등나라가 있었어요. 등나라는 두 나라의 틈바구니에서 하루도 편할 날이 없었지요. 그러던 어느 해, 맹자가 등나라를 방문해 잠시 머물게 되었어요. 군주 문공은 맹자를 불러 힘이 약한 등나라는 누구를 섬겨야 편하겠냐고 물었지요.

그러자 맹자는 이렇게 답했어요.

"이는 제가 해결할 수 있는 일이 아닙니다. 그러나 꼭 대답해야 한다면, 제 생각에는 딱 한 가지 방법밖에 없습니다. 성을 높이 쌓은 후 그 둘레에 연못을 깊게 파고 백성과 함께 죽어도 좋다는 마음으로 지키십시오. 만일 그럴 수 없다면 하루라도 빨리 이곳을 떠나는 게 좋을 것입니다."

위 이야기에서 알 수 있듯이, 힘이 약했던 등나라는 두 강대국 사이에서 이러지도 저러지도 못하는 난감한 처지였어요. 결국 등나라는 문공이 죽은 지 30년 만에 송나라 강왕에게 멸망하고 말았답니다.

비슷한 외국 속담

큰 아이들이 싸우면 작은 아이들이 다친다.
Little kids get hurt when big kids fight.

호랑이도 제 새끼 귀여워할 줄 안다

이런 뜻이에요

아무리 무서운 사람도 자기 자식에게는 한없이 따뜻하고 자식을 몹시 아낀 다는 뜻이에요. 다른 사람에게는 못되고 사납게 굴면서 자식만 끔찍이 챙기는 사람을 비꼬는 뜻으로도 사용해요. '호랑이도 제 새끼 곱다 하면 물지 않는다'도 비슷한 뜻의 속담이에요.

속담의 유래

<두 아낙과 호랑이>

옛날에 두 아낙이 깊은 산속에서 나물을 뜯다가 칭얼대는 새끼 호랑이를 발견했어요. 한 아낙은 호랑이 새끼인 줄도 모르고 귀엽다며 어르고 놀아 주었지요. 하지만 다른 아낙은 그깟 동물이 뭐가 귀엽냐며 괜히 타박을 주었어요. 바로 그때 커다란 호랑이가 두 아낙을 향해 어슬렁어슬렁 걸어왔어요. 무서운 호랑이를 맞닥뜨리자 두 아낙은 너무 놀라서 나물 바구니도 팽개치고 냅다 도망쳤지요.

다음 날 아침, 새끼 호랑이를 귀엽다고 예뻐한 아낙의 집 앞에는 귀한 약초가 가득 든 나물 바구니가 놓여 있었어요. 반면, 타박을 주었던 아낙의 집은 약초는 고사하고 문짝이 죄다 뜯겨 있었고요. 간밤에 어미 호랑이가 마을로 몰래 내려와 복수를 한 거예요. 이때부터 '호랑이도 제 새끼 귀여워할 줄 안다'는 속담이 생겨 오늘날까지 전해 오고 있답니다.

비슷한 명언

자식은 몸 밖에 있는 심장 같은 것

– 주디 갈란드 (미국의 배우, 영화 <주디>의 대사)

숨은 속담 찾기
⑥ 학교

점심시간, 친구들이 운동장에서 신나게 뛰어놀고 있어요. 그림 속에 숨은 속담을 찾아보세요!

1. 피는 물보다 진하다
2. 미운 아이 떡 하나 더 준다
3. 바늘 가는 데 실 간다
4. 열 길 물속은 알아도 한 길 사람 속은 모른다
5. 뛰는 놈 위에 나는 놈 있다
6. 종로에서 뺨 맞고 한강 가서 눈 흘긴다
7. 안되는 사람은 뒤로 자빠져도 코가 깨진다
8. 쥐가 고양이를 불쌍히 여긴다
9. 고래 싸움에 새우 등 터진다
10. 호랑이도 제 새끼 귀여워할 줄 안다

• 정답은 155쪽에 있어요.

틈틈이 읽고 짬짬이 새기는 초등 필수 속담

01 가는 날이 장날이다
어떤 일을 하는데 뜻하지 않은 일을 공교롭게 당할 때 쓰는 말

02 가랑비에 옷 젖는 줄 모른다
아무리 사소한 일이라도 계속 반복되면 돌이킬 수 없이 커지는 것을 이르는 말

03 가재는 게 편
겉모습이나 형편이 비슷한 친구끼리 서로 돕거나 편을 들어줄 때 쓰는 말

04 갈수록 태산
어려운 일을 당할수록 점점 어려운 일이 닥쳐온다는 뜻

05 강 건너 불구경
자신과 상관없는 일이라고 하면서 무관심하게 방관하는 모양을 이르는 말

06 개구리 올챙이 적 생각을 못 한다
예전에 보잘것없던 시절은 까맣게 잊고 잘난 체하는 사람을 비꼬는 말

07 개똥도 약에 쓰려면 없다
평소에는 무척 흔한 물건이 막상 쓰려고 하면 없어서 아쉽다는 말

08 고양이 목에 방울 달기
실행하기 어려운 일을 괜히 의논하는 것을 빗대어 이르는 말

09 공든 탑이 무너지랴
정성을 다해 한 일은 헛되지 않아 반드시 좋은 결과를 얻는다는 뜻

10 굿이나 보고 떡이나 먹지
다른 사람의 일에 괜히 간섭하지 말고 일이 진행되는 것을 보다가 이익이나 얻으라는 말

11 귀에 걸면 귀걸이, 코에 걸면 코걸이
확실한 규칙이 정해지지 않아, 여기다 맞추어도 되고 저기다 맞추어도 되는 경우를 이르는 말

12 까마귀 고기를 먹었나
어떤 일을 금방 잊어버리는 경우에 쓰는 말

13 남의 눈에 눈물 내면 제 눈에는 피눈물이 난다
남에게 나쁜 짓을 하면 자기는 그보다 더한 벌을 받게 됨을 비유적으로 이르는 말

14 남의 떡이 더 커 보인다
자신이 가진 것보다 남의 것이 더 좋아 보인다는 뜻

15 낫 놓고 기역자도 모른다
글자를 전혀 모르는 매우 무식한 사람을 가리키는 말

16 누워서 떡 먹기
매우 쉬운 일을 비유하는 말

17 늦게 배운 도둑이 날 새는 줄 모른다
나이가 들어서 시작한 일에 푹 빠진 사람을 두고 하는 말

18 다 된 죽에 코 풀기
　잘 마무리한 일을 마지막에 잘못하여 망치는 경우를 이르는 말

19 닭 쫓던 개 지붕 쳐다본다
　하던 일이 실패로 돌아가 어쩔 도리가 없게 된 경우에 쓰는 말

20 도둑이 제 발 저리다
　지은 죄가 있어서 지레 겁을 먹고 마음이 조마조마해질 때를 가리키는 말

21 도토리 키 재기
　비슷한 사람끼리 자신이 더 낫다고 다투는 경우를 이르는 말

22 두 손뼉이 맞아야 소리가 난다
　무슨 일이든 두 편이 서로 뜻이 맞아야 이루어질 수 있다는 말

23 등잔 밑이 어둡다
　가까운 곳에서 일어난 일이나 가깝게 지내는 사람의 상황을 전혀 모를 때 쓰는 말

24 똥 묻은 개가 겨 묻은 개 나무란다
　큰 결점은 보지 못하고 도리어 남의 작은 결점을 지적하며 흉본다는 뜻

25 마파람에 게 눈 감추듯
　음식을 매우 빨리 먹는다는 뜻

26 메뚜기도 오뉴월이 한철이다
　무엇이든지 전성기는 매우 짧음을 뜻하는 말

27 모기 보고 칼 빼기
　중요하지 않은 일에 너무 힘을 쓰거나 성을 내며 덤비는 경우를 이르는 말

28 모난 돌이 정 맞는다
　너무 튀거나 자기 주장이 강한 사람일수록 다른 사람의 공격을 받기 쉽다는 뜻

29 모래 위에 선 누각
　기초가 튼튼하지 못하면 곧 무너지고 만다는 것을 이르는 말

30 못된 송아지 엉덩이에 뿔 난다
　못된 사람이 건방지고 잘못된 행동을 계속할 때 쓰는 말

31 무소식이 희소식
　소식이 없는 것은 큰 문제 없이 잘 있다는 말이니, 이는 기쁜 소식과 같다는 뜻

32 방귀 뀐 놈이 성 낸다
　잘못한 사람이 도리어 성을 낸다는 뜻

33 배보다 배꼽이 더 크다
　마땅히 작아야 할 것이 오히려 클 때를 이르는 말

34 벼룩의 간을 내먹는다
　형편이 매우 어려운 사람의 아주 작은 이익까지 뺏으려 한다는 말

35 병 주고 약 준다
상대방에게 해를 입혀 놓고 도와주는 척하는 사람을 가리키는 말

36 보기 좋은 떡이 먹기도 좋다
겉모양이 좋으면 속도 튼튼하고 알차다는 뜻

37 빛 좋은 개살구
겉만 번지르르하고 실속이 없는 경우를 이르는 말

38 서당 개 삼 년이면 풍월을 읊는다
한 분야에 오래 있으면 그만큼 지식과 경험이 쌓인다는 뜻

39 서울 가서 김 서방 찾는다
잘 알지도 못하면서 막무가내로 찾아다닌다는 뜻

40 쇠뿔도 단김에 빼랬다
어떤 일을 하기로 결정했으면 주저하지 말고 곧장 행동하라는 뜻

41 신선놀음에 도낏자루 썩는 줄 모른다
재미있는 일에 열중해서 중요한 것을 잊어버리거나 시간 가는 줄 모르는 경우를 뜻하는 말

42 십 년이면 강산도 변한다
세월이 흐르면 세상에 변하지 않는 것이 없다는 말

43 어물전 망신은 꼴뚜기가 시킨다
못난 사람이 그와 같이 있는 동료들까지 망신시킨다는 말

44 언 발에 오줌 누기
잠깐 도움이 되지만 금방 효력이 없어져 오히려 상태를 나쁘게 만드는 경우를 이르는 말

45 엎친 데 덮치다
어려운 일, 나쁜 일이 한꺼번에 일어나는 경우를 이르는 말

46 울며 겨자 먹기
싫은 일을 좋은 척하며 억지로 해야 하는 경우를 나타내는 말

47 웃는 얼굴에 침 뱉으랴
좋게 대하는 사람에게는 화를 내거나 나쁘게 대할 수 없다는 뜻

48 원수는 외나무 다리에서 만난다
싫어하는 사람을 피할 수 없는 곳에서 만나게 됐을 때 쓰는 말

49 원숭이도 나무에서 떨어진다
아무리 능숙한 사람도 실수할 때가 있다는 말

50 윗물이 맑아야 아랫물도 맑다
윗사람이 바르고 정직해야 아랫사람도 이를 본받아 바르게 행동한다는 뜻

51 이가 없으면 잇몸으로 산다
꼭 필요한 것이 없으면 하루도 못 살 것 같지만, 막상 없어도 그럭저럭 지낸다는 뜻

52 잘되면 제 탓, 안 되면 조상 탓
성공하면 자기 공을 내세우고 실패하면 다른 사람이나 운명을 탓하는 행동

53 제 논에 물 대기
자기에게만 이득이 되도록 일을 하는 경우

54 제가 제 무덤을 판다
잔꾀를 부리다 더욱 크게 손해 보는 경우

55 좋은 약은 입에 쓰다
남의 충고나 비판은 들을 때는 괴로워도 잘 새기면 자신에게 이롭다는 뜻

56 쥐고 펼 줄을 모른다
돈을 모으기만 하고 쓸 줄을 모른다는 말

57 지렁이도 밟으면 꿈틀한다
하찮거나 순한 사람이라도 함부로 대하면 가만있지 않는다는 말

58 집에서 새는 바가지는 들에 가도 샌다
본성이 나쁜 사람은 어디를 가도 그 성품이 드러나 감출 수 없다는 말

59 찬물도 위아래가 있다
어른부터 차례로 대접해야 한다는 말. 또는 모든 일에는 순서가 있다는 말

60 참새가 방앗간을 그냥 지나치랴
자기가 좋아하는 곳은 절대 지나치지 못하는 것을 뜻하는 말

61 칼로 물 베기
다투었다가도 금방 풀려 다시 사이가 좋아진다는 뜻. 또는 아무 소용없는 행동을 이르는 말

62 평안 감사도 저 싫으면 그만이다
아무리 좋은 일이라도 억지로 시킬 수 없다는 뜻

63 호랑이를 잡으려면 호랑이 굴에 들어가야 한다
어떤 성과를 내려면 그에 걸맞은 도전과 모험을 해야 한다는 뜻

64 호랑이는 죽어서 가죽을 남기고 사람은 죽어서 이름을 남긴다
후세에 명예를 떨치는 일이 인생에서 중요하다는 말

65 호미로 막을 것을 가래로 막는다
적은 힘으로 처리할 수 있었는데, 괜히 미루다가 쓸데없이 많은 힘을 들여 해결하는 경우

숨은 속담 찾기 정답

● 28-29쪽 ① 놀이공원

1. 가는 말이 고와야 오는 말이 곱다
2. 낮말은 새가 듣고 밤말은 쥐가 듣는다
3. 남의 말 하기는 식은 죽 먹기
4. 빈 수레가 요란하다
5. 숭어가 뛰니 망둥이도 뛴다
6. 달면 삼키고 쓰면 뱉는다
7. 떡 줄 사람은 꿈도 안 꾸는데 김칫국부터 마신다
8. 세 살 버릇 여든까지 간다
9. 똥 누러 갈 적 마음 다르고 올 적 마음 다르다
10. 콩으로 메주를 쑨다 해도 곧이 안 믿는다

● 52-53쪽 ② 캠핑장

1. 천 리 길도 한걸음부터
2. 쥐구멍에도 볕 들 날이 있다
3. 지성이면 감천
4. 흐르는 물은 썩지 않는다
5. 티끌 모아 태산
6. 열 번 찍어 안 넘어가는 나무 없다
7. 구슬이 서 말이라도 꿰어야 보배
8. 벼는 익을수록 고개를 숙인다
9. 하나를 보면 열을 안다
10. 팔십 노인도 세 살 먹은 아이에게 배울 것이 있다

● 76-77쪽 ③ 장날

1. 쇠귀에 경 읽기
2. 소 잃고 외양간 고친다
3. 밑 빠진 독에 물 붓기
4. 빈대 잡으려고 초가삼간 태운다
5. 하룻강아지 범 무서운 줄 모른다
6. 누워서 침 뱉기
7. 하나만 알고 둘은 모른다
8. 긁어 부스럼
9. 저 먹자니 싫고 남 주자니 아깝다
10. 혹 떼러 갔다가 혹 붙여 온다

● 100-101쪽 ④ 푸드 코트

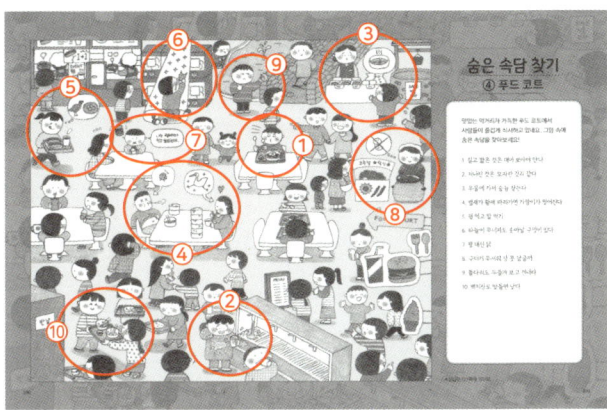

1. 길고 짧은 것은 대어 보아야 안다
2. 지나친 것은 모자란 것과 같다
3. 우물에 가서 숭늉 찾는다
4. 뱁새가 황새 따라가면 가랑이가 찢어진다
5. 꿩 먹고 알 먹기
6. 하늘이 무너져도 솟아날 구멍이 있다
7. 꿩 대신 닭
8. 구더기 무서워 장 못 담글까
9. 돌다리도 두들겨 보고 건너라
10. 백지장도 맞들면 낫다

● 124-125쪽 ⑤ 재래시장

1. 모르는 게 약이요 아는 게 병이다
2. 까마귀 날자 배 떨어진다
3. 작은 고추가 맵다
4. 내 코가 석 자
5. 사공이 많으면 배가 산으로 간다
6. 호랑이 없는 골에 토끼가 왕 노릇 한다
7. 싼 게 비지떡
8. 짐승도 은혜를 안다
9. 콩 심은 데 콩 나고 팥 심은 데 팥 난다
10. 자라 보고 놀란 가슴 솥뚜껑 보고 놀란다

● 148-149쪽 ⑥ 학교

1. 피는 물보다 진하다
2. 미운 아이 떡 하나 더 준다
3. 바늘 가는 데 실 간다
4. 열 길 물속은 알아도 한 길 사람 속은 모른다
5. 뛰는 놈 위에 나는 놈 있다
6. 종로에서 뺨 맞고 한강 가서 눈 흘긴다
7. 안되는 사람은 뒤로 자빠져도 코가 깨진다
8. 쥐가 고양이를 불쌍히 여긴다
9. 고래 싸움에 새우 등 터진다
10. 호랑이도 제 새끼 귀여워할 줄 안다

참고 도서
《나를 살려 준 속담》, 한윤수, 도서출판 형제, 1997
《속담 하나 이야기 하나》, 임덕연, 산하, 2016
《박완서 소설어 사전》, 민충환, 아로파, 2021
<똑똑한 만화 교과서> 시리즈, 문향숙, 고성욱, 최미연, 계림북스, 2010

국어가 잡히는 초등 어휘 ❶

날마다 속담

1판 1쇄 발행 2023년 2월 25일

글 원유순 | 그림 뜬금

펴낸곳 머핀북 | 펴낸이 송미경
출판등록 제2022-000122호 | 주소 (우)04167 서울시 마포구 큰우물로76 403호
전화 070-7788-8100 | 팩스 0504-223-4733 | 전자우편 muffinbook@naver.com
블로그 blog.naver.com/muffinbook | 인스타그램 muffinbook2022

ⓒ 원유순, 뜬금 2023

ISBN 979-11-981499-1-6 74700
ISBN 979-11-981499-0-9 (세트)

책값은 뒤표지에 있습니다.
잘못된 책은 구입하신 서점에서 바꾸어 드립니다.
이 책은 저작권법에 따라 보호받는 저작물이므로 무단 전재와 복제를 금합니다.
이 책의 내용을 이용하려면 반드시 저작권자와 머핀북의 동의를 받아야 합니다.

어린이제품 안전특별법에 의한 기타표시사항
제품명 도서 | 제조자명 머핀북 | 제조국명 한국 | 사용연령 8세 이상
KC마크는 이 제품이 공통안전기준에 적합하였음을 의미합니다.